A. Hohage / H. Jaeger /
J. Pletsch / D. Ziegeler (Hrsg.)
Frau sein, Mann sein in der Gemeinde
Brennpunkt Frauenfrage

Arno Hohage | Hartmut Jaeger
Joachim Pletsch | Dieter Ziegeler (Hrsg.)

FRAU SEIN, MANN SEIN IN DER GEMEINDE

Brennpunkt Frauenfrage

Bibelzitate nach der Revidierten Elberfelder Übersetzung
© 2010 SCM R.Brockhaus im SCM-Verlag GmbH & Co.KG

A. Hohage / H. Jaeger / J. Pletsch / D. Ziegeler (Hrsg.)
Frau sein, Mann sein in der Gemeinde
Brennpunkt Frauenfrage

ISBN 978-3-89436-958-3

© 2012 Christliche Verlagsgesellschaft mbH, Dillenburg,
www.cv-dillenburg.de
Umschlaggestaltung: Werbstudio 71a.de
Satz: CV Dillenburg
Druck: CPI Moravia Books, Pohorelice

Printed in Czech Republic

Inhalt

Vorwort 7

Das Wesen von Mann und Frau –
  eine Orientierung für Ehe und Gemeinde 10

»Ich möchte tun, was Gott mir zeigt« **20**

Die Stellung der Frau in der Gemeinde –
  ein historischer Überblick 30
Hermeneutik und das Verhältnis der Geschlechter 39
John Ortberg: Die Frau schweige? (eine Rezension) 50
Die Frau in der Bibel 53
Alle Frauen der Bibel (eine tabellarische Übersicht) 71

»Ich bin gerne Frau« **84**

Das Schweigegebot für die Frau
  (1Kor 11,3ff; 14,33ff; 1Tim 2,8ff) 89
Zur sogenannten Spannung zwischen 1. Korinther 11,5
  und 14,34.35 99
Das Weissagen der Frau 113

»Wertvoll in Seinen Augen« **121**

Nur noch Schrumpfmänner? (ein Interview) 130
Biblisches Anforderungsprofil für den Mann 139
Dienste und Aufgaben der Frau (eine Danksagung) 142

Buchempfehlungen 155

Vorwort

In unserer Gesellschaft ist ein Umdenkungsprozess im Gang, der zu einem völlig neuen Verständnis der menschlichen Identität führen soll. In Bezug auf Mann und Frau geht es längst nicht mehr nur um Gleichberechtigung, sondern um eine völlige Gleichstellung der Geschlechter. Diese Zielsetzung gründet sich auf humanistisches und aufklärerisches Denken sowie auf das evolutionistische Weltbild im offenen Gegensatz zum biblischen »Modell« der Schöpfung. Die Emanzipation der Geschlechter – d.h. ihre Befreiung von allen vermeintlich einschränkenden Einflüssen – soll durchgesetzt werden. Das traditionelle Rollengefüge mit der männlichen Vorrangstellung gilt als überwunden und wird als entwicklungshemmend angesehen. In unserer Gesellschaft hat sich so bereits ein durchgreifender Wandel vollzogen, der auf breiter Basis – auch von Christen evangelikaler Prägung – zunehmend als selbstverständlich empfunden wird.

Die Gemeinde steht heute in der Zerreißprobe. Einerseits ist sie den Vorgaben des Wortes Gottes verpflichtet, andererseits steht sie in Beziehung zu ihrem Umfeld und den Menschen ihrer jeweiligen Zeit und Gesellschaft. Bezüglich der Kommunikation und ihrer äußeren Darstellung nutzt sie die heutigen Mittel und Möglichkeiten, um ihren Auftrag zu erfüllen. Aber sie stößt auch an Grenzen, nämlich dann, wenn Entwicklungen in der Gesellschaft nicht in Übereinstimmung mit göttlichen Zielen und seiner Zweckbestimmung für uns Menschen stehen. Hier muss sie einem Veränderungsdruck stand- und an ihrer biblischen Ausrichtung festhalten. Erst recht muss sie der Versuchung widerstehen, Aussagen der Bibel auszublenden oder ihren Sinn zu verändern, um »unbequeme« Unterschiede zu nivellieren. Das betrifft auch die Rolle von Mann und Frau in der Gemeinde.

Es ist nicht nur Aufgabe der Gemeinde, Menschen zu

erreichen und das Evangelium über die ganze Welt zu verbreiten, sondern auch, am Zeugnis vom ewigen Schöpfergott festzuhalten (Ps 119,90-91; Jes 45,12; Röm 1,2) und die von Gott festgelegten Ordnungen für seine Geschöpfe so gut wie möglich umzusetzen (vgl. 1Kor 11,14-15;1Tim 3,14-15; 1Kor 14,34-35.40). Nur so kommt die Harmonie zustande, die für den Fortbestand einer Gemeinschaft von Menschen und letztlich auch für die Gesellschaft entscheidend ist (Ps 119,112.118; Hes 20,9). Die Gemeinde sollte sich niemals zu einem anderen, letztlich ihr wesensfremden Konzept verleiten lassen, selbst wenn von ihrer Umgebung ein immer stärker werdender Anpassungsdruck ausgeht.

Dieses Buch verfolgt daher die Absicht, zum Wort Gottes und zur eigentlichen Klarheit seiner Aussagen zurückzuführen. Dazu werden die Voraussetzungen der Schriftauslegung offengelegt, um eine bewusste Entscheidung möglich zu machen, ob man der Argumentation folgen will oder nicht. Man muss bis zum Anfang der Schöpfung zurückgehen, um Klarheit über Gottes Absicht mit Mann und Frau zu gewinnen. Der Rückblick in die Geschichte der Kirche trägt zum Verständnis bei, wie es zu den heutigen Konflikten in dieser Frage kommen konnte. Zwei weitere Beiträge reflektieren Beispiele eines tendenziösen Umgangs mit der Heiligen Schrift, die zeigen, unter welchen Voraussetzungen abweichende Sichtweisen zustande kommen können, die jedoch aus den dort genannten Gründen abzulehnen sind. Die Ansätze zur Untersuchung des biblischen Befundes zeigen, wie weitgehend die Bibel auch Frauen in Blick nimmt und dabei nicht nur andeutet, welche Entfaltungsmöglichkeiten sie haben. Das setzt sich bis heute fort, wie die eingestreuten Lebensberichte von Frauen verschiedenen Alters und unterschiedlicher Gemeindezugehörigkeit zeigen.

Doch es geht nicht nur um die Frau, sondern auch um den Mann. Denn die Frau kann am ehesten ihrer Bestimmung entsprechen, wenn der Mann seiner Verantwortung nachkommt. Dies Buch ist daher auch eine deutliche Herausforderung für die Männer, ihre Rolle und Aufgabe in der Gemeinde neu zu reflektieren und umzusetzen.

Der Frau sind in der Gemeinde – eigentlich nur in einem kleinen, wenn auch nicht unbedeutenden Rahmen – Grenzen gesetzt. An dieser »Grenzziehung« entstehen heute zunehmend Konflikte in den Gemeinden. Ohne dies überbetonen und ausschließlich in den Fokus bringen zu wollen, ist es dennoch eine Frage, an der sich entscheidet, wie man mit Gottes Wort und seinen klaren Aussagen umgehen will: Räumt man Gott und seinen Vorgaben wirklich den Vorrang ein oder beginnt man, aus Gründen der Opportunität davon abzuweichen?

Der Trend in unserer Gesellschaft zeigt: Der von Gott emanzipierte Mensch beginnt unweigerlich zu »experimentieren«, d.h., er selbst nimmt alles in die Hand, um »die Karten« neu zu »mischen«. Er erliegt dabei der Illusion, dass er sein »Spiel« gewinnen kann und dass etwas Besseres dabei herauskommt als bisher. Doch die Bedingungen des Menschseins haben sich nicht verändert. Die Neigung zur Sünde lässt den Menschen nicht los, und daher ist das, was Gott uns in seinem Wort an Hinweisen und Hilfen gibt, um unser Leben in den Griff zu bekommen, immer noch die beste Richtschnur, um die Weichen für unser Leben und für die Gemeinde Gottes richtig zu stellen.

Wir wünschen jeder Leserin und jedem Leser dieses Buches, dass sie in dem Mut bestärkt werden, an Gottes Prinzipien für unser Leben festzuhalten und diese so umzusetzen, dass Gott in der Gemeinde verherrlicht wird, *»der alles nach dem Rat seines Willens wirkt, damit wir zum Preise seiner Herrlichkeit seien«* (Eph 1,12).

Die Herausgeber

Dillenburg, im Februar 2012

Das Wesen von Mann und Frau

Eine Orientierung für Ehe und Gemeinde

Von Dieter Ziegeler

Ein genialer Plan Gottes
Als Gott beschloss, Menschen zu bilden, begann ein göttlich genialer Plan Gottes. Menschen sollten die Spitze der Schöpfung Gottes sein. Die Liebe Gottes verwirklichte die Schöpfung von Menschen, die in einer nicht mehr zu steigernden Beziehung zu Gott stehen sollten. Gott hatte das Allerbeste im Plan.

Aber gerade dieses göttliche Geschenk ist gefährdet. Nicht nur die Ehe als Institution, sondern auch, was ihren Inhalt angeht. Die typisch männliche Rolle des Mannes und die typisch weibliche Rolle der Frau werden nicht nur hinterfragt, sondern »dekonstruiert«, um dann ein neues Menschenbild zu »konstruieren«, das nur noch wenig mit den biblischen Vorstellungen übereinstimmt.

So war vor 100 Jahren die Ehe (für das ganze Leben) gesellschaftlich und rechtlich selbstverständlich, auch wenn es schon damals die ersten Auflösungserscheinungen gab. Inzwischen hat ein rasanter Wandel stattgefunden, und das nicht nur in der gottlosen Gesellschaft, sondern auch teilweise im Volk Gottes, in der Gemeinde.

> »Und Gott schuf den Menschen nach seinem Bild, nach dem Bild Gottes schuf er ihn; als Mann und Frau (männlich und weiblich) schuf er sie.« (1Mo 1,27)

Warum schuf Gott (überhaupt) Menschen?
Es ist und bleibt ein Wunder, dass Gott Menschen schuf. Er hatte uns Menschen nicht nötig, und er war nicht auf eine Gemeinschaft mit anderen Wesen angewiesen.

Gott lebt seit Ewigkeiten in bester göttlicher Gemeinschaft mit seinem Sohn und dem Heiligen Geist. Das war und ist nicht zu steigern! Warum schuf Gott dennoch Menschen?

Es gibt nur eine Antwort: Es gefiel Gott! Es war schön für ihn. Es war sein Wunsch, Menschen zu bilden.

Gott gefiel es, Menschen zu schaffen ...
- denen er seine ganze Liebe zeigen kann,
- denen er alles schenken kann, was ein Gott Menschen schenken kann,
- die mit ihm in Ewigkeit Gemeinschaft haben,
- die seine Herrlichkeit erleben,
- die freiwillig den herrlichen Gott anbeten.

> *»Gepriesen sei der Gott und Vater unseres Herrn Jesus Christus! Er hat uns gesegnet mit jeder geistlichen Segnung in der Himmelswelt in Christus, wie er uns in ihm auserwählt hat vor Grundlegung der Welt, dass wir heilig und tadellos vor ihm seien in Liebe, und uns vorherbestimmt hat zur Sohnschaft durch Jesus Christus für sich selbst (oder zu sich hin) nach dem Wohlgefallen seines Willens ...«* (Eph 1,3-5)

Gott schuf den Menschen im Bilde Gottes
Der geschaffene Mensch trägt das Bild des »ungeschaffenen« ewigen Gottes. Im Menschen wollte Gott sich selbst sehen! Die Bibel berichtet, dass Gott den Menschen bildet und ihm seinen göttlichen Lebensodem einbläst und uns Menschen damit Anteil an sich selbst gibt: Gott entwirft den Menschen auf sich hin. Das Besondere des Menschen ist nicht, dass er über dem Tier steht, sondern dass er unter Gott steht. Das macht die Würde und »Qualität« aus! Der Mensch bekommt damit Gott zum Maß.

Gott schuf den Menschen als Mann und als Frau
Warum schuf Gott eigentlich zwei sehr unterschiedliche Menschen? Sie sind eindeutig in zwei Gruppen aufzuteilen: Männer und Frauen. Die körperlichen Unterschiede sind kaum zu leugnen, aber es geht um mehr. Es geht, aus biblischer Sicht, immer um den ganzen Menschen.

Von Geburt an unterschiedlich
Die grundsätzlichen Unterschiede betreffen nicht nur den physischen Organismus, sondern auch die seelische Konstitution. Aus diesen Unterschieden resultiert das geschlechterorientierte Verhalten. Gerade das wird heute bestritten. Nicht nur Vertreter des »Gender-Mainstreaming« behaupten, dass die Geschlechterunterschiede nicht biologisch angelegt, sondern sozial bedingt und das Ergebnis von Lernprozessen seien. Man behauptet, dass der Mensch ein soziales Konstrukt sei!

Natürlich wissen wir, wie wichtig und prägend das soziale Umfeld für heranwachsende Menschen ist: die Familie, Gesellschaft, Schule und Kultur. Dennoch sind die grundlegenden Unterschiede von Geburt an festgelegt.

Wie schuf Gott Mann und Frau?
Gott schuf den Mann und die Frau! Das stimmt so. Aber die Bibel berichtet das detaillierter. Adam wird zuerst gebildet. Gott verwendet »materielles Substrat«, bildete Adam und haucht ihm seinen Odem ein. Dadurch bekommt Adam Leben und Persönlichkeit!

Eva wird nach Adam aus Adam gebildet. Gott verwendet kein »totes« Material, sondern bildet Eva aus männlichem »Material«, also aus einer lebenden Person. Eva wird darum kein Odem eingehaucht, denn sie hat ihr Leben (aus Gott) durch Adam. Durch diese Schöpfungsweise gehören Adam und Eva zusammen, sie sind füreinander bestimmt, und daraus resultiert auch die Sehnsucht zueinander. Die Bibel beschreibt deutlich, dass Adam zuerst gebildet wurde und danach Eva. Sie ist »aus Adam« und »für Adam« geschaffen.

Männer sind anders – Frauen auch
Gott hat die Andersartigkeit, die »Dualität« oder »Bipolarität« bewusst gewollt. Sie ist keine Bedrohung, sondern (zwingend) eine Bereicherung des Lebens! Dann, wenn der junge Mann zu einer ausgeprägt männlichen Persönlichkeit wird und so mit allen seinen charakterlichen Qualitäten der Frau ein »Mann ist«. Frauen wünschen sich charakterlich starke und gereifte Männer, denen sie sich anvertrauen. Umgekehrt ist es ähnlich. Frauen sollen als »typische Frauen« mit all ihren besonders sozial und emotional ausgebildeten Ressourcen ihren Männern »Frauen sein«! Dann ergibt das Miteinander eine innige Beziehung, die von Liebe und Treue geprägt ist.

Die Unterschiedlichkeit von Mann und Frau ist geradezu eine Voraussetzung für gelingende Ehen, aber auch wichtig für unsere Gesellschaft und Gemeinden. Erst durch die gegenseitige Ergänzung entsteht ein Potential, das unverzichtbar ist. Während der Mann mehr disponierend und sachorientiert sein Leben gestaltet, ist die Frau sehr viel stärker auf Beziehungen angelegt.

Der Gleichheitswahn in unserer Gesellschaft
Gott schuf zwei Geschlechter, die gleichwertig, aber unterschiedlich sind – gleichwertig, aber nicht gleichartig und auch nicht in jedem Falle gleichberechtigt! So entsprach es seinem Plan.

Eine notwendige Emanzipation …
Die Ideen der Emanzipation, entstanden in der Aufklärung und der Französischen Revolution, forderten die Gleichheit, unabhängig von Besitz, Stand und Klasse. Schon lange sind das aktive und passive Wahlrecht für Frauen selbstverständlich und kein Thema mehr. Und es stimmt, dass Frauen in vielen Epochen nicht so leben konnten, wie Gott das in seinem Wort sagt; und viele Frauen wurden von Männern nicht so behandelt, wie es Gottes Wille war und ist.

Der Emanzipationswahn ...
Nun hilft es kaum weiter, wenn Frauen sich »emanzipieren«, indem sie sich dem männlichen Wesen anpassen. Das war ein Schwerpunkt in der Anfangsphase der Emanzipation. Dadurch sind die weibliche Identität und Kultur teilweise verloren gegangen. Es ist absurd, wenn Frauen wie Männer werden wollen, denn sie werden nur gewinnen, wenn sie ihre typisch weibliche Identität und Lebensgestaltung finden. Das können sie nicht durch »Anpassung« an den Mann, sondern nur durch ein eigenständiges Konzept, das sich an den Eckpunkten und Vorgaben der Bibel orientiert.

»Wenn man die Gleichheit der Geschlechter erzwingt, degradiert man sie beide« – das sagt Alexis de Tocqueville. Zum »fanatischen Feminismus« schreibt Norbert Bolz: »Alle Absurditäten des fanatischen Feminismus rühren also daher, dass einige intelligente Frauen nicht in der Lage sind, zwischen Gleichberechtigung und Gleichheit zu unterscheiden. Mann und Frau sind politisch gleich. [...] Mann und Frau sind aber biologisch ungleich. Dieser Unterschied macht einen Unterschied. Hier kann es nämlich nur liebende Komplementarität geben – oder den Krieg. Jede Politik, die hier auf Identität statt auf Differenz setzt, ist monströs und lächerlich: Frauen im Kampfeinsatz an der Front; Männer, die Kinder gebären. [...] Dass Frauen auch können, was Männer können, ist ein Wahn, der in Umkehrung noch deutlicher wird: wenn Männer versuchen, was nur Frauen können, z.B. Kinder bekommen. [...] Der fanatische Feminismus zielt weder auf Freiheit noch auf Chancengleichheit, sondern auf Ergebnisgleichheit. Alle starren auf die Zahlen bei der Besetzung von Führungspositionen. Wie hoch ist der Anteil weiblicher Professoren an deutschen Universitäten? Wie viel DAX-Unternehmen werden von Frauen geführt? Nie geht es um konkrete Frauen und die Anerkennung ihrer Leistung, sondern immer nur um die Gruppe und ihre ‚Quote'. Die fanatischen Feministen heute wollen Gleichheit statt Freiheit – und zwar Ergebnisgleichheit statt Chancengleichheit –, und zwar

Ergebnisgleichheit nicht für die einzelnen Frauen, sondern für die »Gruppe« der Frauen als ganze, statistisch messbar an der Zahl von Frauen in bestimmten hoch bezahlten Berufen und Spitzenpositionen. Ja eigentlich geht es ihnen auch nicht um Gleichheit, sondern um Macht.«[1]

Norbert Bolz formuliert dann provozierend, dass es eine Gleichheit in jedem Falle gibt: Die Gleichheit in der Ungleichheit!

Gott will unterschiedliche Gemeinsamkeit
Unser ganzes Leben zeigt, dass wir auf andere Menschen angewiesen oder mit ihnen verbunden sind. Jeder hat schon durch die Geburt mit mindestens zwei Menschen zu tun: Vater und Mutter! Mann und Frau können nur gemeinsam Kinder bekommen. Gott will eine Zuordnung zwischen Mann und Frau in der Ehe, er will, dass unterschiedliche Menschen gemeinsam in der Gesellschaft und Gemeinde ihrer Rolle gemäß leben und dienen. Das alles soll von Respekt und Liebe geprägt sein.

> *»Welche Frau, die von ihrem Mann so geliebt wird, wie Christus die Gemeinde liebt, käme auf die verrückte Idee, sich aus diesem Zustand, so geliebt zu werden, ›herausemanzipieren‹ zu wollen.«* (Prof. Dr. Rudolf Seiß)

Das Drama des Sündenfalls
Warum gibt es den Kampf der Geschlechter? Warum gibt es so viele zerstörte Ehe-Beziehungen? Warum finden Männer und Frauen nur schwer ihre Identität, indem ihr Leben »identisch« wird mit dem Plan Gottes?

Die Urgeschichte des Menschen ist wichtig für unser Leben heute. Wir können uns als Menschen erst richtig verstehen, wenn wir begreifen, was hier geschah. Zukunft braucht

---

[1] Norbert Bolz, Diskurs über die Ungleichheit, S. 48

Herkunft. Haben nicht viele Ereignisse in unserer Welt, in unserem persönlichen Leben und in der Gemeinde einen Bezug zu dieser Geschichte im Garten Eden? Die Urgeschichte des Menschen gibt uns Aufschluss über Prinzipien, die immer wieder wichtig sind, erkannt und durchschaut zu werden.

Die Welt als gefallene Schöpfung Gottes

Durch die Natur und durch die menschliche Gesellschaft geht ein Riss, an dem wir alle in irgendeiner Form leiden. Das sind Fakten, die wir akzeptieren müssen, bevor wir über Folgerungen nachdenken.

Das Leben nach dem Sündenfall ist grundsätzlich bedroht. Nicht nur, dass alle Menschen und Tiere sterben müssen, sondern es gibt keine heile Welt mehr. Keinen Frieden. Alle Formen von Gemeinschaft wurden beschädigt oder sogar zerstört: Gemeinschaft mit Gott, Ehen, Familien, Freundschaften, Gemeinden und die Harmonie eines Menschen in sich selbst.

Das Verbot Gottes steht am Anfang

Es zeigte Adam seine Geschöpflichkeit: Du bist Mensch, und ich bin dein Gott. Du bist frei, mein Gebot zu befolgen. Ohne Anstrengung. Ich sage dir das, weil ich dich lieb habe. Weil ich dir helfen will. Eigentlich müssten wir Menschen über Gottes Ge- und Verbote sehr froh sein, denn Gehorsam ist die Chance, die allerbesten Pläne Gottes zu verwirklichen. Gott informiert uns zu unserem Nutzen! »*So spricht der HERR, dein Erlöser, der Heilige Israels: Ich bin der HERR, dein Gott, der dich lehrt zu deinem Nutzen, der dich leitet auf dem Weg, den du gehen sollst*« (Jes 48,17).

Eva fällt zuerst, aber eigentlich geht es um Adam! Eva verließ ihre Schutzzone und entriss dem Mann die Autorität. Adam wiederum war von den Gefühlen für seine Frau hin und her gerissen und gab seine Führungsrolle auf. Gott reagierte, und die Sünde hatte Folgen für alle Beteiligten.

Vor dem Sündenfall lebten Adam und Eva in Liebe und Harmonie in der von Gott gewollten Ordnung. Adam war »Haupt« von Eva und damit auch verantwortlich für seine Frau.

Nach dem Sündenfall hat Eva es mit einem »gefallenen« Mann zu tun, mit einem Mann, der Fehler machen würde; und Adam musste feststellen, dass seine Frau ihm nicht geholfen hat, bei Gott zu bleiben, sondern das Gegenteil bewirkte.

Eva war als hochqualifizierte Hilfe nicht dafür gedacht, Adam (nur) die Suppe zu kochen. Sie sollte Adam helfen, gemeinsam bei Gott zu bleiben, indem dessen Gebote beachtet wurden. Adam nahm seine Rolle als Haupt, als Vorgeordneter nicht ein, denn auch er aß von der verbotenen Frucht. Wie sollte Eva jemals wieder das Vertrauen in Adam als Schutz und Garantie bekommen?

Zerstörte Beziehungen
Durch die Sünde ist die Beziehung zu Gott zerstört worden, und damit haben alle Formen von Beziehungen einen Riss bekommen: zu Gott, zu anderen Menschen und zu sich selbst. Der Mensch lebt seitdem im Widerspruch.

Warum gibt es so viel Leid in christlichen Ehen? Liegt es an Frauen, die den Wahn nicht los werden, sich gegen den Mann emanzipieren zu müssen? Oder liegt es an den Männern, die mit ihren Frauen so umgehen, als wären sie weniger wertvolle Wesen, die man aber leider braucht? Warum fehlt es oft am Verständnis für das gute innere Klima einer Ehe? Warum begehren wir so gerne gegen Gottes Wort auf – nicht nur, wenn es um Ehe geht? Warum sind wir so gerne ungehorsam?

Zurück zur biblischen Sichtweise

Die Rolle des Mannes
Lieben und leiten – das ist die ursprüngliche Stärke des Mannes, die schöpfungsmäßig angelegt ist und vor dem Sündenfall uneingeschränkt gelebt wurde.

Die Liebe des Mannes, so wie Christus die Gemeinde geliebt hat, respektiert in der Ehe die Frau als Persönlichkeit; tastet sie nicht an, sondern erwirbt und tut alles für sie. Auch in der Ehe soll die Liebe des Mannes die Frau immer wieder neu durch einzigartige Liebe erwerben.

Die Ehen gehen heute ja zunächst nicht an Mangel an Sexualität zu Grunde, sondern weil die ideelle Liebe, die göttliche Liebe fehlt. Es fehlt die Potenz des Herzens, die Kraft, einem Menschen eine adäquate, eine entsprechende Liebe zu geben.

Die Rolle der Frau
Gott hat für jede Frau herausragend wichtige Aufgaben. Als Mutter prägt sie wesentlich die nächste Generation. Dabei ist die geistliche Prägung besonders wichtig. Sie hat die Zeit, um auf die vielen Fragen und Erlebnisse der Kinder einzugehen.

Die Frau sieht es als wichtige Aufgabe, den geistlichen Dienst des Mannes zu ermöglichen und zu stützen!

Darüber hinaus gibt es einen großen Dienstbereich für die Frau, gerade im Reich Gottes. Wie viele Frauen sind in der Mission tätig. Wie viele Aufgaben gibt es in den verschiedenen Bereichen unserer Gemeinden! Wir brauchen den engagierten Einsatz der Frauen und sind dankbar für die oft vorbildliche Dienstbereitschaft bis an die Grenze der Belastbarkeit. Es gibt aber auch Grenzen, die Gott in seinem Wort beschreibt.

Eindeutig über das biblische Menschenbild reden
Wir wollen und müssen in einer Zeit der Uneindeutigkeit, was die biblische Rolle von Mann und Frau angeht, eindeutig über diese Themen reden! Durch die Theorien von Gender-Mainstreaming soll uns das biblische Menschenbild und damit die Qualität unseres Menschseins genommen werden.

Die Ehe ist alternativlos
Eine vorbildliche Ehe unter Christen zeigt in einer orientierungslosen Welt die Alternative und einen Weg, mit Gottes Hilfe ein glückliches Leben zu führen. Wer sagt, es gebe auch gute Scheidungen, irrt. Scheidungskinder wachsen mit der Gewissheit auf, dass nichts von Bestand ist. In jedem Augenblick kann alles auf den Kopf gestellt werden. Das ist ein Schock. Mit ihm verlieren sie ihr Urvertrauen.

Die Anordnungen der Bibel dagegen garantieren Stabilität und einen positiven Lebensraum für die Kinder.

Den Aufgabenbereich der Frauen wertschätzen und fördern
Die Verwirklichung des ursprünglichen und bleibenden Willens Gottes ist Grundlage für funktionierende und starke Gemeinden. Gottes Plan für uns persönlich, für Ehe und Gemeinde hat nie das geistliche Wachstum gehindert, sondern gefördert.

Auch »jenseits von Eden« gibt es die großartige Chance, mit Gottes Hilfe und Respekt vor seinem Wort nicht nur eine lebenslange Ehe zu führen, sondern auch als nicht (mehr) Verheirateter ein erfülltes Leben zu haben. Ganz typisch als Mann oder als Frau! Unsere Gesellschaft braucht diese Vorbilder.

Dieter Ziegeler ist verantwortlich für die Schriftleitung der *Perspektive*, dem Magazin der Brüdergemeinden in Deutschland.

»Ich möchte tun, was Gott mir zeigt«

Von Michaja Franz

Der erste Gedanke, der mir kam, als ich gefragt wurde, ob ich diesen Beitrag hier schreiben könnte, war: Was soll ich schon zu diesem Thema weitergeben können? Bestimmt gibt es viele Frauen, die jahrelange Erfahrung gesammelt haben und aus deren Leben man (auch ich) so manches lernen könnte. Aber was habe ich dazu zu sagen?

Doch – so wurde mir gesagt – auch die Sicht einer jungen Frau zu diesem Thema könnte interessant und bereichernd sein. Also machte ich mir Gedanken über meine Sicht zum Thema »eine Frau, wie Gott sie sich vorstellt«. Nicht, dass ich mir über dieses Thema noch nie Gedanken gemacht hätte. Eigentlich war ich durch meine gläubige Mutter schon als Kind immer wieder mit dieser Frage konfrontiert worden. Als Teenager und Jugendliche fand ich es spannend, andere Frauen und deren Ehe- und Familienleben zu beobachten. Im Stillen bildete ich mir dann eine Meinung dazu, ob dies oder das wohl richtig sei, was ich selbst auch so machen würde und was nicht. Mit dem nötigen Abstand (schließlich war ich bis dahin weder Ehefrau noch Mutter) war es leicht, zu beobachten, zu analysieren, zu bewundern oder auch zu verurteilen. Doch seit Kurzem befinde ich mich selbst in der Rolle der Ehefrau – und nun sieht so manches anders aus. Ich bin mir nicht mehr so sicher zu wissen, was gut und richtig ist. Und selbst wenn ich es wüsste – das dann umzusetzen, ist wiederum eine andere Sache.

Trotz dieser Unsicherheiten, wie das vorbildliche Leben einer gläubigen Frau in Familie und Gemeinde ganz praktisch aussehen kann, möchte ich an meinen Überzeugungen, die ich aus der Bibel gewonnen habe, festhalten und immer mehr lernen, diese Prinzipien auch im praktischen Leben umzusetzen.

Ein Leben in Abhängigkeit von Gott
Bei der Beobachtung des Lebens verschiedener Frauen des Alten und Neuen Testaments wird deutlich, wie viel Segen es bringt, wenn eine Frau selbst eine enge Beziehung zu ihrem Herrn und Heiland hat. Wir lesen von Frauen, die Beterinnen und Anbeterinnen waren und damit ein großes Vorbild sind. Besonders Hanna (1Sam 1) und Maria (Lk 1) beeindrucken mich immer wieder durch ihre Abhängigkeit von Gott. Nach unserer Hochzeit fiel es mir zu Beginn sehr schwer zu verstehen, dass ich mich, was mein geistliches Leben betrifft, nicht auf meinem Mann ausruhen darf. Vor der Hochzeit hatte ich mir vorgestellt, dass es zu zweit einfacher sein würde, eine enge Beziehung zum Herrn zu pflegen. Natürlich kann man sich zu zweit gegenseitig ermutigen, und das gemeinsame Gebet ist sehr wertvoll für mich. Aber der Kampf um meine tägliche Zeit der Stille wurde in der Ehe sogar noch schwerer; als Single hatte ich mehr Zeit und weniger Ablenkungen.

Um meinem Mann eine gute Hilfe zu sein, muss ich meine ganz persönliche Beziehung zum Herrn pflegen. Ich weiß genau, dass ich ohne sie niemals so leben kann, wie er es will. Meine Beziehung zu Gott wird immer alle meine Beziehungen zu Menschen beeinflussen. Ich will immer in Abhängigkeit von Gott leben, denn anders ist es unmöglich, ihm zu gefallen. In vielen Bereichen hat die Frau die schöne Aufgabe des Gebens. Aber nur wer sich von Gott geben lässt, kann auch weitergeben. Ich weiß deshalb, dass ich meinem Mann eine bessere Ehefrau sein kann, wenn ich in meiner Stillen Zeit Kraft bei meinem Herrn schöpfe und nahe bei ihm bin. Es ist für eine Frau genauso wichtig, die Bibel gut zu kennen, sie zu studieren und Zeiten der Stille vor Gott und im Gebet zu haben wie für einen Mann. Wie sonst hätte Priscilla gemeinsam mit ihrem Mann dem Apollos das Evangelium genauer erklären können (Apg 18,26)? Außerdem will ich – wenn Gott uns einmal mit Kindern beschenkt – unseren Kindern nicht nur biblische Geschichten erzählen, sondern auch deren Fragen zum Glauben beantworten können.

Für mich ist es ein täglicher Kampf, meinen Herrn zu loben und anzubeten, vor Gott ruhig und still zu werden, zu hören, was er mir durch sein Wort zu sagen hat, alle Sorgen bei ihm abzugeben, mein Versagen vor ihn zu bringen. Oft lasse ich mich viel zu leicht ablenken von meiner Stillen Zeit, und manchmal ist mein Gebetsleben so verkümmert! Doch ich will daran festhalten: Es lohnt sich, darum zu kämpfen, nahe beim Herrn zu sein.

Nachdem ich über Vorbilder von Frauen nachgedacht hatte, las ich alle Stellen in den Briefen des Neuen Testaments zum Thema »die Rolle der Frau«. Ich fand Verse zu folgenden unterschiedlichen Bereichen: Wie die Haltung einer Frau sein soll, was nicht zum Aufgabenfeld der Frau gehört und welche Aufgaben eine Frau hat.

1. Eine weibliche Haltung einnehmen

Ein Großteil der Verse beschäftigt sich damit, dass die Frau eine Haltung der Unterordnung einnehmen und nicht über den Mann herrschen soll (1Kor 14,34; Kol 3,18; Eph 5,22-24; 1Tim 2,11-12; Tit 2,5; 1Petr 3,1-6). Anscheinend ist diese Haltung für uns Frauen sehr wichtig, sonst würden wir nicht so oft und eindrücklich darauf hingewiesen. Wie schön und ermutigend ist es doch für einen Mann, eine Frau zu haben, die seine Führung anerkennt, ihn ehrt, zu ihm aufschaut und bei Meinungsverschiedenheiten nicht ihren eigenen Willen durchsetzen will. Aber wie schwer fällt das zumindest mir oft! Schon als Kind und Teenager hatte ich große Probleme, das zu tun, was meine Eltern von mir wollten, wenn ich anderer Meinung war. Da mein Mann liebevoll, aber klar die Führung übernimmt, fällt es mir nun etwas leichter. Aber trotzdem kommt immer wieder der Wunsch hoch zu tun, was ich will, und mich nicht jemand anderem anzupassen oder gar meinen Willen aufgeben zu müssen.

Doch Gott will einen sanften, stillen Geist, der auf ihn vertraut. Das ist unser weiblicher Schmuck! In unserer Unterordnung unter unsere Männer drücken wir unser Vertrauen aus, dass Gott alles gut machen wird (1Petr 3,3-6). Es ehrt ihn, wenn wir alle unsere Hoffnung auf ihn setzen und ihm vertrauen, dass er unseren Mann richtig führt. Und eine solche Haltung verhindert, dass Gottes Wort von Ungläubigen verlästert wird (Tit 2,5). Eine Ehe, wie Gott sie sich vorstellt: Ein Mann, der seine Frau liebt, und eine Frau, die sich dem Mann unterordnet, sind ein gutes Zeugnis für Ungläubige. Solch eine Ehe wirft ein gutes Licht auf Gottes Wort. Ist es nicht eine ehrenvolle Aufgabe, die wir Frauen haben, mit unserer richtigen Haltung Gottes Wort zu ehren? Das spornt mich immer wieder an.

2. Was nicht zum Aufgabenbereich der Frau gehört

Dann werden aber auch einige Dinge angeführt, die nicht in den Aufgabenbereich der Frau gehören: in der Gemeinde reden und lehren, was in Zusammenhang gebracht wird mit »über den Mann herrschen«. Diese Einschränkung war noch nie ein Problem für mich. In den Gemeinden, in denen ich bisher war, sahen es die Männer als ihre Aufgabe, Gott laut anzubeten und zu bitten, ihn zu loben und sein Wort so auszulegen, dass alle Zuhörer geistliche Nahrung bekommen konnten. Und dann ist es für mich als Frau schön und ermutigend, zuhören und auftanken zu können. Ich bete im Stillen oder auch mit den lauten Gebeten der Männer innerlich mit und lasse mich durch die Wortbeiträge belehren, ermutigen oder ermahnen.

Natürlich fällt es auch mir manchmal schwer, zuzuhören oder etwas Praktisches für mein Leben mitzunehmen, und manche Gebete scheinen mir so langatmig oder monoton, dass es mir schwerfällt, da geduldig zu bleiben. Trotzdem halte ich aber an dem biblischen Grundsatz fest: Diese Dinge sind die Aufgabe der Männer in der Gemeinde –

Gott hat es so gewollt, und er hatte bestimmt viele gute Gründe dafür. Es macht mich traurig, wenn in einer Gemeinde die Frauen immer mehr Aufgaben übernehmen (oft aus Ungeduld mit den Männern, die ihre Verantwortung nicht genügend wahrnehmen) und sich dadurch wiederum die Männer immer mehr zurückziehen. Und wie erfrischend ist es, die Predigt eines Mannes zu hören, der – anders als wir Frauen oft – sachlich klar und strukturiert spricht und dabei den Überblick behält. Ja, Gott hat die Aufgaben gut verteilt!

3. Die Aufgaben einer Frau

Beim Lesen der Bibelstellen staunte ich, wie viele Aufgaben der Frau in der Bibel zugeteilt werden:

Eine verheiratete Frau ist für und um ihren Mann besorgt, sodass sie dem Mann gefällt (1Kor 7,34). Die älteren Frauen sollen die jüngeren, wie ich eine bin, lehren und anleiten, ihre Männer zu lieben, ihre Kinder zu lieben, sich um ihren Haushalt zu kümmern und eine gottgewollte weibliche Haltung einzunehmen (Tit 2,3-5; 1Tim 5,14). Außerdem soll sie viele gute Werke tun (1Tim 2,10).

a) Drei Hauptaufgaben: Ehemann, Kinder, Haushalt
Die Liebe zu meinem Ehemann ist meine wichtigste Aufgabe. Allein damit lässt sich mein ganzer Alltag ausfüllen: Wenn ich mir die Frage stelle, wie ich meinem Mann Joachim gefallen, wie ich ihn lieben kann, so gibt es wohl Tausende Möglichkeiten:

- Gott an meinem Charakter arbeiten lassen, damit ich mich zum Positiven verändere
- durch das Anerkennen seiner Führung und durch freudige Unterordnung, auch wenn es mir nicht passt oder ich anderer Meinung bin
- ihn immer wieder an unser tägliches gemeinsames Gebet und unsere Zeit mit dem Herrn erinnern

- seine Arbeit schätzen, ihm genug Zeit dafür zugestehen und ihm so gut wie möglich »den Rücken freihalten«, damit er sich um seine Aufgaben kümmern kann
- ihn ermutigen, sich in der Gemeinde einzubringen
- sagen und zeigen, dass ich ihn bewundere, ihm vertraue und hinter ihm stehe
- zeigen, dass ich ihn körperlich begehre und dass ich für ihn schön sein will
- durch Trost und Ermutigung
- Geduld mit seinen Schwächen, nicht zornig werden, sondern sanftmütig reagieren (1Petr 3,1)
- die Bereitschaft, ihn zu unterstützen, wann immer er Hilfe braucht
- kleine Aufmerksamkeiten; zum Beispiel findet mein Mann es sehr schön, wenn ich ihm zu seinem Pausenbrot ein Zettelchen mit einem Bibelvers oder einem lieben Gruß lege
- Anteilnahme an seinen Interessen und Hobbys
- liebevolles Sorgen für ihn usw.

Viele dieser Dinge fallen mir leicht oder machen mir sogar Spaß. An vielen Angewohnheiten muss ich aber auch noch hart arbeiten. Jedenfalls finde ich es unglaublich ermutigend, dass Gott mir eine so schöne Aufgabe gegeben hat. Es ist die erste Aufgabe für junge Frauen, die die Bibel nennt: ihre Männer zu lieben. Wie ermutigend, dass ich Gottes Willen erfülle, wenn ich das natürlichste überhaupt tue: die Person zu lieben, mit der ich Tag und Nacht zusammen bin. Der Mann, der mich auch liebt, diesen soll ich zurücklieben. Ist das nicht eine schöne Aufgabe?

Als Nächstes wird in Titus 2 die Liebe zu den Kindern angeführt. Wir haben noch keine Kinder, deshalb beschränke ich mich in diesem Punkt bis jetzt aufs Beobachten.

Der dritte Punkt – den Haushalt führen – wird heutzutage oft sehr kritisch gesehen. Ich bin aber überzeugt, dass Gottes Wort heute wie damals gilt und uns immer gute Richtlinien gibt. Die Haushaltsführung sehe ich als meine Aufgabe. Obwohl ich eine Vollzeit-Stelle als Grundschullehrerin habe, sehe ich nicht diesen Job als meine wichtigste Aufgabe, sondern das, was Gott mir als Aufgabe gegeben hat: meinen Mann zu lieben. Ich möchte mich täglich darum bemühen, dass mein Mann auf der Prioritätenliste weiter oben steht als die Arbeit. Sicherlich ist es als Lehrerin etwas einfacher als bei manchen anderen Berufen, sich die Zeit gut einzuteilen, sodass noch genügend Freiraum für Ehe und Haushalt bleibt. Manchmal hilft mir mein Mann im Haushalt, wofür ich sehr dankbar bin. Trotzdem möchte ich auch in diesem Bereich dazulernen und eine gute Hausfrau sein. Gott hat mir die Fähigkeiten dazu gegeben, leckeres Essen zu kochen, unsere Wohnung schön und gemütlich zu gestalten, eine heimelige Atmosphäre zu verbreiten, und auch ganz einfache Dinge wie Putzen, Waschen, Bügeln, Geschirr spülen, Müll ausleeren etc. kann ich – wenn ich diese Aufgabe aus Gottes Hand nehme – zu seiner Ehre tun (1Kor 10,31).

b) Gute Werke
Die Schreiber der Briefe zeigen viele Bereiche auf, in denen die Frau zusätzlich zu ihren Hauptaufgaben gute Werke tun kann. Das Thema »gute Werke« wird in der Bibel oft angesprochen. Meistens werden alle Gläubigen dazu aufgerufen, gute Werke zu tun; einige Stellen beziehen sich allerdings nur auf Frauen. Es ist Gottes Wille für uns Frauen, gute Werke zu tun (Apg 9,36; 1Tim 2,10; 1Tim 5,10):

- Gastfreundschaft üben (1Tim 5,10)
- den Heiligen die Füße waschen (1Tim 5,10)
- Bedrängten Hilfe leisten (1Tim 5,10)
- jedem guten Werk nachgehen (1Tim 5,10)

Hier sind die Möglichkeiten fast unbegrenzt. Gastfreundschaft, das Bemühen um andere Gläubige und das Helfen bei Not scheinen einen besonderen Stellenwert zu haben. Zu Beginn unserer Ehe kamen mein Mann und ich an einen neuen Wohnort und deshalb auch in eine neue Gemeinde. Von Anfang an war es uns wichtig, oft Leute einzuladen und immer ein offenes Haus zu haben. Besonders die Teenager und Jugendlichen waren schon oft bei uns zum Essen oder Übernachten. Wir wollen aber auch Personen einladen, die uns nicht so nahe stehen oder mit denen wir uns nicht auf Anhieb verstanden haben. Manchmal fällt das nicht leicht, Gastfreundschaft kostet Zeit und Geld, aber es lohnt sich.

In der Gemeinde gibt es viele Möglichkeiten, den »Heiligen die Füße zu waschen«. Ob es nun einfache Dinge sind, wie Putzen oder Essen mitbringen, auch das ist ein Dienst für den Herrn. In jeder Gemeinde werden Helfer gebraucht: Kinderstunde, Jugendarbeit, einfache praktische Hilfeleistungen ... In meiner Teenagerzeit gab es eine Familie in unserer Gemeinde, die Zwillinge bekam. Sie wohnte nicht weit von meiner Schule entfernt, und 2-3 Mal in der Woche ging ich von da an zu dieser Familie, um zu helfen und zu lernen. Bald entstand daraus auch eine geistliche Freundschaft, und die junge Mutter und ich lasen jedes Mal zusammen in der Bibel und beteten. Vielleicht gibt es für junge Frauen kaum eine bessere Möglichkeit, zu lernen, ihre Männer (und später auch einmal ihre Kinder) zu lieben und ihren Haushalt zu führen. Immer, wenn ich in einer anderen Familie war, um zu helfen (teilweise auch einige Wochen in den Sommerferien), beobachtete ich genau, lernte sehr viel und kam viel reicher wieder nach Hause zurück. Einmal lebte ich als junges Mädchen einige Wochen in einer Gefährdetenhilfe, um im Haushalt zu helfen. Von diesem Ehepaar lernte ich viel. Einige Frauen sind mir dadurch, dass ich sie in ihrem Alltag begleitet und beobachtet habe, zu großen Vorbildern geworden, und ich profitiere heute, wo ich selbst verheiratet bin, von Anregungen, die ich damals mitgenommen habe. Genauso habe ich so manche Tricks, die mir jetzt die Arbeit im Haushalt erleichtern, bei anderen beobachtet. Ich konnte ein gutes Werk tun, indem ich geholfen habe, und wurde außerdem reich von Gott beschenkt.

Genauso versuche ich, meinen Beruf zu nutzen, um damit ein gutes Werk zu tun. Ich will durch mein Verhalten ein Zeugnis für meine Kollegen sein, und immer wieder kann ich im Unterricht die Kinder auf unseren Herrn hinweisen. Wenn wir im Biologieunterricht ein interessantes Thema behandeln, kann ich darauf hinweisen, dass nur ein wunderbarer Schöpfer das zustandgebracht haben kann. Da ich gerne mit Kindern arbeitete, nutzte ich schon ab dem Teenageralter meine Ferien, um auf Freizeiten mitzuhelfen. Die Erfahrungen, die ich mittlerweile als Lehrerin gesammelt habe, helfen mir auch auf den Freizeiten und manche Freizeit-Idee kann genauso in der Schule umgesetzt werden. So kann ich auch die Fähigkeiten, die ich durch meinen Beruf bekommen habe, für den Herrn einsetzen.

Als Frau, die täglich arbeiten geht, fühle ich mich manchmal in einem Spannungsfeld zwischen meinem Beruf und den Aufgaben, wie sie in der Bibel für eine Frau beschrieben werden. Zum Beispiel befürchte ich, zu viel Zeit in meinen Beruf zu investieren, sodass nicht genügend Zeit und Kraft bleibt, um den Haushalt gut zu führen, jeden Tag zu kochen oder so manche Aufgabe in der Gemeinde zu übernehmen. Natürlich diene ich Gott auch mit meiner Arbeit (siehe die vorbildliche Frau in Sprüche 31), aber so gern ich jeden Tag in die Schule gehe, es ist doch nicht meine Hauptaufgabe. Wenn wir einmal mit Kindern beschenkt werden, will ich gerne meine Arbeit aufgeben, mein Alltag wird mit den Aufgaben zu Hause bestimmt bald ausgefüllt sein.

Ich möchte gerne mehr und mehr lernen, ein Leben in Abhängigkeit von Gott zu führen, eine gottgewollte weibliche Haltung einzunehmen, meine Aufgaben in der Familie zu erfüllen und für die vielen guten Werke, die Gott für mich vorbereitet hat (Eph. 2,10), offen zu sein und dann zu tun, was er mir zeigt.

Michaja Franz, Jg. 1986, kommt aus Tullnerbach/Österreich. Nach einem 3-jährigen Studium in Wien für das Grundschullehramt ist sie seit vier Jahren berufstätig als Lehrerin – zuletzt im Dillkreis, Hessen. Seit Juni 2011 ist sie mit Joachim verheiratet.

Die Stellung der Frau in der Gemeinde

Ein historischer Überblick

Von Arno Hohage

A. Geschichtsschreibung ist abhängig vom Zeitgeist

Es gibt keine objektive Geschichtsschreibung. Das gilt vor allem für jede Kulturgeschichte. Sie ist immer bestimmt von dem Standpunkt des Autors. Wenn wir heutzutage die Stellung der Frau in der Geschichte darstellen wollen, geht das nicht ohne Berücksichtigung des Feminismus. Diese Frauenbewegung bestimmt mancherorts das politische und religiöse Leben. Im Protestantismus hat sich die feministische Theologie seit den 80iger Jahren zu einer wichtigen Kraft entwickelt.

Der Feminismus beurteilt die historischen soziologischen Verhältnisse anders als die konservative Geschichtsschreibung. Das Leben der Frau in der Familie, wie es früher allgemein anerkannt wurde, erscheint jetzt als Unterdrückung und Sklaverei. Natürlich gab es auch damals ungerechte Verhältnisse. Wenn sich nun in der modernen Zeit Ansätze zum Besseren ergeben, ist das nur zu begrüßen. Man darf aber nicht vergessen, dass früher die Menschen ein anderes Bewusstsein von ihrem Leben hatten. Frauen fühlten sich nicht grundsätzlich unterdrückt. Viele waren durchaus einverstanden und zufrieden mit ihrem Los.

Der Feminismus in all seinen Facetten strebt ein verstärktes Bewusstsein für sein Anliegen und das Durchsetzen der Rechte der Frau in der Gesellschaft an. Die neuen Vorstellungen sollen nicht nur für die Politik und das Erwerbsleben, sondern in allen Bereichen gelten.

Von der Kirche wird nicht nur gefordert, dass Stellen gleichberechtigt besetzt werden. Die ganze Bibel müsse neu geschrieben werden. Sie sei ein garstiges Buch und von den Entstellungen der Männerherrschaft zu reinigen. In ihr herrsche eine »Asymmetrie«. Frauen blieben in ihrer Bedeutung vernachlässigt, manchmal gar völlig unbeachtet. So seien Wörter, die sich auf männliche Personen beziehen, einfach auf weibliche übertragen worden. Wenn von »Brüdern« die Rede sei, dann gelte das auch für »Schwestern«. Aber sie würden nicht genannt. Daher entstand die Forderung, dass Personenbezeichnungen in der Bibel immer auch eine weibliche Alternative nennen sollen. Und da Frauen über Jahrtausende hin unterdrückt gewesen seien, müsse man ihnen nun den Vorrang einräumen. Das gelte auch für den als männlich gedachten Gott wie für Jesus Christus, dem man gern die neu erfundene weibliche Form »Jesa Christa« zuteilen möchte.

Grundsätzlich sei die Bibel nicht nur auf weibliche Darstellungsformen umzuschreiben, sondern von jeglicher Diskriminierung zu reinigen. So stelle der Sündenfall mit der prominenten negativen Rolle der Frau einen »Schwindel kosmischen Ausmaßes« dar. Sünde gebe es bei Frauen ohnehin nicht, sie sei allein die Machtergreifung der Männer.

Im Extremen hat sich der Feminismus schon vom Christentum gelöst, indem er Synkretismus und abstrakte Spiritualität propagiert. Das Projekt »Gottwerdung der Frau« gilt als zentrale Aufgabe der Religionsphilosophie.[1]

B. Die Frau in der Geschichte

1. Die ersten Jahrhunderte des Urchristentums

Zunächst haben die ersten Christen Gepflogenheiten übernommen, wie sie ihnen aus dem Judentum, dem sie entstammten, geläufig waren. Jakobus nennt z.B. ihren Versammlungsort noch »Synagoge« (Jak 2,2). Männer und Frauen saßen getrennt, und die Dienste in den Gemeindezusammenkünften

---

[1] (Ann Loades, *1938, Prof. of Divinity, Durham, in RGG 4, 3, Sp 279).

waren den Männern vorbehalten. Diese Regelungen wurden weitgehend bis ins 20. Jahrhundert beachtet. Dabei galt die Frau durchaus nicht als minderwertig, wie manchmal behauptet wird, sondern in der Heilsordnung war sie von Anfang an dem Mann gleichgestellt (Gal 3,28). Die Ehe bekam einen hohen Stellenwert (Eph 5). Die Aufgaben der Frau in der Familie und in der Diakonie waren allgemein anerkannt. Einzelne Frauen bekamen sogar ein ausführliches Lob, wie z.B. Maria, Priszilla, Phoebe und Junias (die erst im Mittelalter als Mann angesehen wurde, aber dennoch keine Apostelin war, sondern bei den Aposteln in hohem Ansehen stand).

In Korinth gab es bei Christinnen, die aus dem Heidentum stammten, unklare Vorstellungen über ihre Aufgaben. Einige wollten wie die Männer auch in der Gemeinde das Sagen haben. Das verwehrte ihnen der Apostel Paulus (1Kor 14; 1Tim 2). Berühmt wurden die Prophetinnen des Montanus (ca. 150 n.Chr.): Maximilla und Prisca. Tertullian, der sich selbst dem Montanismus anschloss, schrieb in seinem Werk »Über die Verschleierung der Jungfrauen«, dass es der Frau nicht erlaubt sei, in der Kirche zu reden, zu lehren, zu taufen oder sich priesterliche Funktionen anzumaßen. Auch Origines (†254) betonte an verschiedenen Stellen, dass die Frau in der Gemeinde zu schweigen hat, und stellt die Frage: »Wenn sie nicht einmal sprechen dürfen und auch keine Fragen stellen dürfen, warum sollen sie dann noch anwesend sein?« Seine Antwort lautet: »Damit sie hören, was sie hören müssen«!

2. Das katholische Mittelalter

Durch die Festigung der Hierarchie der kirchlichen Ämter, die nur den Männern offenstanden, waren die Frauen weiter in den Hintergrund gerückt. Es zeigte sich aber, dass sie ihre eigenen Vorstellungen entwickelten und durchsetzten. Sie bildeten z.B. Frauenklöster wie die Benediktinerinnen. Zu ihnen gehörte Hildegard von Bingen (†1147), die auch schriftstellerisch tätig war und u.a. über die Gleichwertigkeit von Mann und Frau nachdachte. Andere pflegten in Beginenhöfen (12. Jh., ausgehend von Südbrabant, heute in Belgien) ihre eigene Frömmigkeit in Mystik und Spiritualität. Sie kümmerten sich auch um Arme und Kranke.

3. Die Reformation

Mit Luthers spektakulärer Heirat (ein Mönch nahm eine Nonne zur Frau) geriet jede Klostergemeinschaft in die Kritik. Das Frauenideal war nicht mehr die Äbtissin, sondern die vorbildliche Ehefrau wie Katharina von Bora. In der Familie konnte die Frau immer schon Würde und Ansehen erlangen, aber besonders nun, wenn sich Luthers Sicht verbreitete.

4. Die politischen Gleichberechtigungsbewegungen

Hugo Grotius (†1645) hat mit seinen Gedanken zum Naturrecht den Weg für die Gleichheit von Mann und Frau vorbereitet. Ausformuliert wurden sie in der amerikanischen Unabhängigkeitserklärung 1776: »Wir sind der Auffassung, dass diese Wahrheiten selbstverständlich sind, ... dass alle Menschen gleich geschaffen sind« (*We hold these truths to be self-evident: all men are created equal*). Die Französische Revolution nahm die Ideen 1789 in der Erklärung der Menschenrechte auf (*Déclaration des droits de l'homme*). Heute beruft sich die Welt auf die Charta der UN von 1949: Die Menschenrechte erlauben nicht die Diskriminierung der Menschen wegen ihrer Rasse, ihres Geschlechts, ihrer Religion. Im gleichen Jahr veröffentlichte Simone de Beauvoir ihr grundsätzliches Buch »Das zweite Geschlecht« (*Le deuxième sexe*), das bis heute noch als eine der wichtigsten Grundtexte des Feminismus gilt.

5. Der Einfluss der Politik auf die Kirche

Während im 19. Jahrhundert betont wurde, dass die Aufgaben der Frau im Wesentlichen in der Familie seien, gab es einzelne selbstbewusste Persönlichkeiten, die sich aus der Familie lösten und eine über sie hinausgehende diakonische Arbeit begannen. Dazu gehörte Friederike Fliedner (†1842), die zusammen mit ihrem Ehemann Theodor in Kaiserswerth 1836 die erste Diakonissenanstalt gründete. In Hamburg setzte sich Amalie Sieveking (†1859) für die Armen- und Krankenpflege ein. Aus dieser Bewegung entstand 1899 die Evangelische Frauenhilfe. Die Vorstellung, dass Frauen gemeinsam handeln sollten, zeigt sich auch in der fast gleichzeitig entstandenen Einrichtung des Gebetstags der Frauen (1897) und später, seit den 80iger Jahren des 20. Jh., in den Frauenfrühstückskreisen.

Auf politischem Hintergrund wurde die erste deutsche Frauenkonferenz im Jahr 1865 einberufen. Schon lange gab es Wahlen zu den politischen Gremien, aber Frauen durften nicht wählen. Hedwig Dohm (†1919) forderte in Deutschland als Erste das Stimmrecht für Frauen, das 1919 zugestanden wurde. Damit war ein wichtiges Ziel erreicht, das zum Vorbild für die anderen Lebensbereiche wurde. Auch die Kirche geriet unter Druck. In zunehmendem Maß und immer wieder haben die Medien in Presse und Fernsehen gefordert, dass die Kirche endlich ihre Grundsätze an die Verhältnisse in der Gesellschaft anpasst und rigorose Gleichberechtigung einführt.

6. Die Weltkriege

In der katholischen Kirche gehörten die Frauen nie zum Klerus. Das kanonische Recht bestimmt (CIC c 968), dass nur der unverheiratete getaufte Mann die heilige Ordination als Priester rechtmäßig bekommen kann. Zwar konnten seit Anfang des 20. Jahrhunderts Frauen Theologie studieren, aber nur für das Lehramt an Höheren Schulen. Noch bis zum Zweiten Weltkrieg lehnte man fast allgemein eine Frau im protestantischen Pfarramt ab. Zum ersten Mal gab es 1925 in Dänemark eine parlamentarische Gesetzesvorlage für die Pfarrerin. In Deutschland passte um diese Zeit Thüringen die Prüfungsrichtlinien für Theologinnen an. Nach dem ersten Examen bekamen die Kandidatinnen auch eine zweijährige praktische Ausbildung wie ihre männlichen Kollegen. So wurden die »Pfarrhelferinnen« eingeführt. Sie durften aber keinen Gemeindegottesdienst halten. In Hamburg wurde ihnen ausnahmsweise erlaubt, das Abendmahl auszuteilen. In der Altpreußischen Union bildete man in diesen Jahren Vikarinnen aus. Sie waren examinierte Theologinnen, bekamen aber kein Amt durch Ordination, sondern sie wurden zu ihrer Berufung eingesegnet. Predigen durften sie im Kindergottesdienst bei Kindern und bei Frauen. In der Seelsorge kümmerten sie sich vor allem um weibliche Personen. Die Verwaltung der Sakramente und der Gemeindegottesdienst waren ihnen verwehrt. Professor Schian (†1944 in Breslau) kommentierte die Entwicklung mit den Worten (RGG 2, II, Sp. 728): »Die Schnelligkeit, mit der sich die kirchliche Öffentlichkeit in Deutschland nach 1918 mit der Gewährung kirchlicher F(rauen)rechte abfand, wirkte doch überraschend. In Frage steht jetzt nur noch die Öffnung kirchlicher Ämter in der Gemeinde für die F(rau). (Verschiedene Gegebenheiten) widerraten es dringend, die Frage der Zulassung von F(rau)en zum Pfarramt zur Erörterung zu stellen.«

Die Kriege hatten ungeheure Opfer gefordert und vor allem in den Männerreihen empfindliche Lücken geschlagen. Schon während des Zweiten Weltkriegs entstand zunehmend die Schwierigkeit, für die gefallenen Pfarrer Ersatz in den Kirchen zu finden. In der Not beauftragte man hier und dort eine Theologin mit der Wahrnehmung eines Pfarramts. Damit war die Tür geöffnet.

7. Die zweite Emanzipationswelle ab 1960

Nach dem letzten Krieg entstand in den USA die zweite große Emanzipationswelle (*Women's Liberation Movement*). Damit begann eine Kulturrevolution. In Deutschland berief man sich auf den Artikel 3 des Grundgesetzes, in dem die Gleichheit der Geschlechter vor dem Gesetz festgeschrieben war, und betonte, dass zwischen Verfassungsrecht und Verfassungswirklichkeit ein riesiger Unterschied bestehe, der einzuebnen sei.

Was schon im Ansatz vorhanden war – Ausbildung von

mehr Mädchen in Schule und Universität, politische und soziale Gleichberechtigung, Abbau von Benachteiligungen der Frau –, wurde verstärkt gefordert. Daneben gab es scharfe Kritik an der vorhandenen sozialen Ordnung: Die Frau werde immer noch durch den Mann unterdrückt, in der Familie, in der Kirche, im Staat diskriminiert. An den Universitäten gab es Lehrstühle, die besonders die Situation der Frau in Geschichte und Gegenwart erforschten. Unter anderem wollte man nachweisen, dass und wie in den vergangenen Jahrtausenden die Frau durch das Patriarchat unterdrückt worden war und dass zum Anfang der Geschichte ohnehin das Matriarchat gehörte. Mutterschaft empfanden Feministinnen als eine Belastung und als die Barriere, die ihnen den sozialen Aufstieg verwehrte und das Leben unzumutbar einschränkte. Deswegen forderten sie die Freigabe der Abtreibung. Das Wort wurde beschönigend durch »Schwangerschaftsabbruch« ersetzt. Das Gesetz, das heute gilt, geht auf die Fristenregelung von 1995 zurück. Die Frau wird zur Norm des gesellschaftlichen Lebens.

Der Ökumenische Rat der Kirchen verstand die Zeit von 1988-1998 als Dekade der Solidarität der Kirche mit den Frauen. Seit der Zeit gibt es die Institutionalisierung der kirchlichen Gleichstellungsarbeit und die Einrichtung von Frauenreferaten. Es wird immer wieder (zuletzt 2011) Verteilungsgerechtigkeit bei allen Aufgaben, auch den ehrenamtlichen angestrebt.

Ohne Einschränkung wurde die Frauenordination in der protestantischen Kirche zuerst in der Pfalz 1958 eingeführt, zuletzt 1991 in Schaumburg-Lippe. Die erste lutherische Bischöfin der Welt war Maria Jepsen 1992 in Hamburg.

Das Bewusstsein der Kirchgänger hat sich im Laufe der Jahre an die neue Situation angepasst. Die Kirche ist eine Frauenkirche geworden. Die meisten Kirchenbesucher und bald auch die meisten Amtsträger sind Frauen. Viele Männer fühlen sich nicht mehr zugehörig.

8. Freikirchliches Nachziehen

Man hat den Eindruck, als ob die Freikirchen nachzögen, erst nachdem die Landeskirchen die Frauenordination durchgeführt haben. Das stimmt nicht. Vielmehr stehen sie am Anfang, an der Spitze der neuen Bewegung. Denn die erste Frau, die (1853) in ein Pastorenamt berufen wurde, war Antoinette Brown, eine Presbyterianerin, die durch Charles Finney (Prebyterianer) zum Glauben gekommen war (Elwell, Ev. Dict. of Theol. p.1183). In Frankreich und England übertrugen die Methodisten seit 1891 auch Frauen eine Pastorenstelle. Die Heilsarmee war ja schon von ihrem Ursprung her offen für den Lehr-Dienst der Frau.

In Deutschland führten die Baptisten erst vor einigen Jahren die sogenannte Frauenordination ein. Die Freie Evangelische Gemeinde hatte dagegen einige Schwierigkeiten damit, weil sie zunächst nicht die erforderliche Mehrheit erhielt. Aber seit 2010 können diese Gemeinden auch eine Frau als Pastorin berufen.

9. Konsequenzen für die Exegese

Am Anfang standen die Veränderungen, die sich durch die Emanzipation der Frau im politischen Bereich ergaben. Auf diesem Hintergrund zog die Kirche nach. Natürlich gab es immer warnende Stimmen, aber der Druck der öffentlichen Meinung war stärker. Man hatte nun aber das Problem, die neue Situation mit der Bibel vereinbaren zu müssen. Damit das NT nicht im Widerspruch zur Praxis stand, erfand man neue Deutungen. Man sagte z.B., eine Stelle habe einen anderen Sinn, sie sei nicht originär oder unverständlich und daher nicht zu beachten, oder sie müsse als alte Randbemerkung einfach wegfallen. Um die Frauenordination zu rechtfertigen, wurde der Grundsatz: »Es steht geschrieben!« umgewandelt in: »Wir haben beschlossen!« (idea, 11.7.11).

Argumente für die Unterschiedlichkeit der Aufgaben für Mann und Frau, also die Frage nach der Schöpfungsordnung, spielen keine Rolle mehr. Schon eher bekommt die Frage

Gewicht, wie die ökumenische Einheit zu sehen ist, da ja Katholiken und Orthodoxe nur Männer in Funktionsaufgaben haben. Zum Schluss setzt sich die Auffassung durch, dass man in einer Freundschaft eben unterschiedliche Meinungen zu tolerieren habe.

C. Ausblick

Die Auseinandersetzung über die Gleichwertigkeit von Mann und Frau scheint abgeschlossen zu sein, aber nicht die Frage, ob sie auch gleich in ihren Anlagen und Aufgaben sind. Die psychologische Forschung hat bisher noch Unterschiede gefunden, indem sie sagt, der Mann sei mehr sach-, die Frau mehr personenorientiert. Aber der Feminismus lässt das nicht gelten und meint, die Unterschiede beruhten nur auf der uralten Rollenverteilung in der Gesellschaft. Da diese Eigenschaften kulturell definiert seien, gebe es auch Veränderungen.

Der Christ, für den die Bibel noch maßgebend ist, erkennt die Gleichwertigkeit der Geschlechter gerne an, muss aber darauf bestehen, dass weiter gehende Forderungen an der normativen Autorität des Wortes Gottes geprüft werden. Die ganze Gesellschaft kann nur gewinnen, wenn jeder nach seinen Fähigkeiten Gott dient. In der Gemeinde ist zum Lehren und Leiten der Mann berufen, während für das menschliche Klima die Frau unverzichtbar wichtig ist.

Arno Hohage, Jg. 1939, geb. in Altena, Westf., Studiendirektor i.R. am Gymnasium, ist verheiratet und hat zwei Kinder. Er gehört zu einer Brüdergemeinde im Sauerland.

Hermeneutik und das Verhältnis der Geschlechter

Von Andreas Ebert

Ist das nicht erstaunlich: Zwei Menschen beherrschen die gleiche Sprache, sie lesen den gleichen Text, und wenn sie anschließend wiedergeben, was sie gelesen und verstanden haben, kann das recht unterschiedlich ausfallen. Das kann man z.B. in der Politik beobachten: Wenn Koalitionspartner nach einem Jahr Regierung ihren gemeinsam unterzeichneten Koalitionsvertrag zitieren und erklären, was damit gemeint war, ist das nicht immer deckungsgleich. Dabei haben beide Seiten den Text selbst geschrieben, unterzeichnet und später zitiert.

Beim Auslegen von Bibeltexten wird das alles noch etwas schwieriger. Denn kein Bibelausleger hat die Texte selbst verfasst. Sie sind in einer anderen Zeit entstanden und in einem anderen Kulturkreis. In einem Staatsgefüge, das wir nicht kennen, in einer Welt, die sich in vielen Aspekten von unserer Lebenswelt unterscheidet: die Denkweise, die Gepflogenheiten, das Wertgefüge – alles war anders. Manche Texte sind Teile eines Briefwechsels, von dem wir nur eine Seite kennen. Es ist ganz leicht möglich, einen Bibeltext anders zu verstehen, als es der Verfasser einmal meinte, und anders, als die ursprünglichen Empfänger diese Texte lasen.

Weil das so ist, gab es schon immer das Anliegen, nach Prinzipien zu suchen, die die Wahrscheinlichkeit erhöhen, einen Text in seinem historisch-kulturellen Zusammenhang richtig zu verstehen und zu erklären. Das ist das Anliegen, das hinter dem Begriff *Hermeneutik* steht. Es geht also um akzeptierte Verfahrensweisen, einen Text zu verstehen.

Was ist Hermeneutik?
Nun ist Hermeneutik eine vielschichtige Angelegenheit. Einerseits geht es wirklich um das konkrete Verständnis dessen, was geschrieben steht. Man hat einen Vers vor sich und sieht ihn im Detail an. Es gibt aber auch andere Ebenen, die zum Bereich der Hermeneutik gehören: Bei manchen Texten muss man fragen, zu welcher »Textkategorie« mein Text überhaupt gehört. Nehmen wir als Beispiel den Sündenfall in 1. Mose 3: Handelt es sich um einen Bericht von tatsächlich geschehenen Ereignissen? Gab es diese sprechende Schlange und den Baum mit den verbotenen Früchten wirklich? So haben es die Apostel verstanden, denn sie beziehen sich wörtlich auf die geschilderten Ereignisse. In den letzten beiden Jahrhunderten gab es etliche Ausleger, die diesen Text ganz anders verstanden haben. Keinesfalls als Bericht, sondern eher als eine Legende, die irgendwann später verfasst worden war, vielleicht in der Zeit des babylonischen Exils. Nun hat es erhebliches Gewicht für das Verständnis eines Textes, ob es sich um einen Bericht handelt oder ob er lediglich menschliche Vorstellungen über den Anfang des Bösen wiedergibt.

Schließlich darf man auch nicht vergessen, dass die ganze Sache nicht so objektiv zu handhaben ist, wie sie zunächst erscheint. Oft genug lesen wir Bibeltexte mit einer bestimmten Erwartung. Zwar kennt jeder Ausleger die gute Absicht, sich einem Text möglichst unvoreingenommen zu nähern, aber oft hat man sich in einer Frage festgelegt und sucht Bestätigung im Bibeltext, oder man braucht Argumente gegen eine Ansicht, die man unbiblisch findet. So ist jeder Bibelausleger gefährdet, die Auslegung in eine Richtung zu schieben, die eigenen oder fremden Erwartungen entspricht.

Bei dem Thema, das in diesem Buch behandelt wird, kann man das besonders ausgeprägt beobachten. Deshalb geht es in diesem Beitrag weniger darum, bestimmte Positionen zu beschreiben und zu begründen. Es soll eher dazu angeregt werden, hinter manche Ergebnisse zu schauen und kritisch zu beobachten, auf welches Weise sie aus dem Bibeltext gewonnen werden.

Einige Beispiele heutiger tendenziöser Auslegung

Wir werden einige Beispiele aus einem Buch ansehen, das in Deutschland schon seit dem Jahr 2000 erhältlich ist. Es ist deshalb besonders interessant, weil hier nicht nur die Meinung eines Verfassers abgebildet wird, sondern weil es eine Art Positionspapier der Evangelischen Allianz ist, konkreter: der *Kommission für Frauenfragen* der weltweiten Evangelischen Allianz. Im Jahr 1997 stellte diese Kommission unter der Federführung von Marylin B. Smith dieses Studienmaterial zur Rolle der Frau vor; etwas später ist es unter dem Titel »Ohne Unterschied? – Frauen und Männer im Dienst für Gott« auch in deutscher Sprache erschienen[1]. Ingrid Kern hat es herausgegeben, und der Hauptvorstand der *Deutschen Evangelischen Allianz* empfiehlt es nachdrücklich als Studienmaterial zu dieser Thematik.

An manchen Stellen dieses Buches kann man sehr anschaulich sehen, welche Schlüsselfunktion die Hermeneutik für das Ergebnis hat. An drei Beispielen werden die Ergebnisse beschrieben und der Weg vom Text zur Lehre skizziert.

Erstes Beispiel: die Rolle der Frau im Alten Testament

Unter der Überschrift »Die Rolle der Frau im Alten Testament« findet sich als eröffnende These dieser Satz, der anschließend mit Beispielen hinterlegt wird: »Frauen konnten in der hebräischen Gesellschaft jedes Amt außer dem Priesteramt ausüben. Leitungsfunktionen waren etwa das Amt einer Richterin, der Königin und der Prophetin.«[2]

Ist dieser Satz zutreffend? Sind damit die Berichte über

---

[1] Marilyn B. Smith / Ingrid Kern (Hrsg.), Ohne Unterschied? Frauen und Männer im Dienst für Gott, Brunnen, 2. Aufl. 2005

[2] Ebd., S. 45

Leitungsfunktionen aus gut 1000 Jahren jüdischer Volksgeschichte angemessen wiedergegeben? Formal erscheint die Aussage zunächst zutreffend, denn zu jedem Amt findet sich ein Beleg. Es gab im Alten Testament drei oder vier Prophetinnen, es gab eine Königin und es gab eine Richterin.

Trotzdem spiegelt der Satz nicht die Wirklichkeit wider. Nicht zutreffend ist er, weil er den Eindruck zu vermitteln versucht, als spiele das Geschlecht bei der Zuordnung von Leitungsfunktionen eigentlich keine Rolle. Und das ist einfach nicht zutreffend. Man muss sich nur die Proportionen genauer anschauen. Es finden sich im AT etwa 20 Propheten, von deren Lebensgeschichte und Wirksamkeit man mehr erfährt. Es ist keine Frau dabei. Auch unter den Schriftpropheten ist keine. In der Richterzeit finden wir Debora als Richterin und Prophetin, die eher dezent auftritt und Barak als Heerführer an die Front schiebt. Alle anderen Richter sind Männer. Noch schlechter sieht es in der Königsliste aus. Atalja, die einzige Königin von insgesamt 42 Königen in Israel und Juda, war eine Thronräuberin, die nach dem Tod ihres Mannes alle Mitglieder der Königsfamilie umbringen ließ und sich auf diese Weise für sechs Jahre selbst den Thron sicherte. Ist sie wirklich ein Beispiel dafür, dass Frauen in der hebräischen Gesellschaft jedes Amt ausüben konnten?

Auch auf anderen Führungsebenen finden wir keine Frauen: Sowohl der Priesterdienst als auch die Ältestenstruktur wird Männern zugeordnet. Mose soll siebzig Männer aus den Ältesten zusammenrufen (4Mo 11,16); als der Priesterdienst eingeführt wird, geht es um Aaron und seine Söhne (2Mo 28,1), die diesen Dienst verrichten sollen.

Das Ergebnis: Das Bild ist sehr regelhaft. Öffentliche Leitungsaufgaben werden im Alten Testament von Männern wahrgenommen. Einzelne Frauen in exponierter Stellung sind die Ausnahme. Und damit sind wir bei der Hermeneutik. Es ist eine durchaus richtige Verfahrensweise, bei der Frage der Geschlechterbalance im Neuen Testament zunächst in das

Alte Testament zu schauen. Aber am Ende dieser Umschau wäre es angemessen, die entdeckten Verhältnisse auch wirklich zu benennen. Das tut dieser Satz nicht: »Frauen konnten in der hebräischen Gesellschaft jedes Amt außer dem Priesteramt ausüben. Leitungsfunktionen waren etwa das Amt einer Richterin, der Königin und der Prophetin.« Er ist tendenziös formuliert. Er soll das Ergebnis in eine gewünschte Richtung drücken. Man ahnt schon nach diesem Satz, was am Ende des Buches herauskommen muss: Alle Aufgaben stehen allen Geschlechtern offen. Dabei ist dieser Satz ungefähr so zutreffend, als würde ich sagen: »In der katholischen Kirche können Männer und Frauen Papst werden.« Das hermeneutische Problem, das man beim Umgang mit dem Bibeltext in diesem Fall beobachten kann: Eine Ausnahme wird unter das Vergrößerungsglas gelegt. So entsteht der Eindruck, sie sei die Regel. Das ist sie aber nicht, auf keiner der fünf beschriebenen Leitungsebenen des Alten Testaments (Älteste, Priesterschaft, Richter, Könige, Propheten). Der von Marilyn Smith formulierte Ergebnissatz mag einem Wunsch entsprechen, dem Text entspricht er nicht.

Zweites Beispiel: gabenorientierter Dienst
»Gender or Giftedness?« ist der englische Titel des schon erwähnten Buches der Kommission für Frauenfragen der weltweiten evangelischen Allianz. »Geschlecht oder Gaben?« – was ist das für ein Gegensatzpaar, das als Leitkonflikt über dem ganzen Buch steht? Das muss zunächst erklärt werden.

Bisher, so die Verfasser, verstand man die Bibel so, dass bestimmte geistliche Ämter einem bestimmten Geschlecht zugeordnet wurden – nämlich den Männern, die in einem »hierarchisch orientierten Modell«, wie sie es nennen, weiter oben standen als Frauen. Nun sei es an der Zeit, die Bibel anders zu lesen, nämlich aus der Perspektive der Erlösung. Dabei zeige sich ein ganz anderes Bild: Alle sind in Christus gleich, so dass im Dienst überhaupt kein Unterschied zwischen Männern und Frauen besteht. Das einzige Kriterium für ihren Dienst ist die Begabung. So ähnlich, wie es der Prophet Joel angekündigt hat: *»Und selbst über die Knechte und über die Mägde werde ich in jenen Tagen meinen Geist ausgießen ...«* (Joe 3,3). Und weil nun dieser Geist mit seinen Gaben in Männern und Frauen gleichermaßen wirkt, ist das wichtigste Dienstkriterium die Begabung. Wenn Frauen Leitungsgaben haben, dann sollen sie auch Leitungsfunktionen ausüben. Wenn sie gut predigen können, dann sollen sie predigen. Die Gabe entscheidet über die Aufgabe, nicht das Geschlecht. Das ist die wichtigste These des Buches, die sich von vorne bis hinten durchzieht.

Die neuere Praxis in vielen Kirchen und Freikirchen entspricht genau diesem Ergebnis. »Mit Ausnahme weniger Freikirchen und einiger Inseln des innerkirchlichen Pietismus finden sich Frauen in kirchen- und gemeindeleitenden Gremien ebenso selbstverständlich wieder wie auf landeskirchlichen Kanzeln und zunehmend auch auf Bischofsstühlen«, schreibt Rudolf Westerheide im Vorwort zur deutschen Ausgabe. Deshalb ist es nicht überraschend, dass es zum Erscheinen dieses Buches eine ganze Reihe wohlmeinender Kommentare gab. Das ist verständlich, denn jeder Mensch freut sich, wenn er in dem, was er tut, von fachkundiger Seite Unterstützung erfährt.

Es gibt in der Argumentation zweifellos Aspekte, denen man zustimmen kann. Zu Recht wird darauf verwiesen, dass beide Geschlechter von Gott mit allen Gaben beschenkt sind. Zu Recht wird die Verantwortung betont, die der Besitz der Gaben mit sich bringt.

Nun darf man aber gespannt sein, auf welche Weise Marilyn Smith zu ihrer Lesart des Neuen Testaments mit dem neuen Ergebnis kommt. Und hier sind wir wieder bei der Hermeneutik. Wenn wir fragen, was das Neue Testament zu einem konkreten Thema lehrt, dann ist es vernünftig, alle relevanten Texte zu suchen und in die Lehrbildung einfließen zu lassen. Je mehr dieser Texte wir widerspruchsfrei in eine Lehre integrieren können, umso höher ist die Wahrscheinlichkeit, dass die Lehre richtig ist. Auf diese Weise kam man in den letzten 1900 Jahren zu der Überzeugung, dass zwar alle begabt sind, in einigen Bereichen aber geschlechterspezifische Schwerpunkte zu finden sind.

Marilyn Smith geht nun einen anderen Weg. Sie stellt zwar auch einen großen Teil der relevanten Texte zusammen und kommentiert sie, aber aus Gründen, die nur sie kennt, hebt sie einen Text heraus und erklärt ihn zur zentralen neutestamentlichen Aussage in dieser Frage: *»Da ist nicht Jude noch Grieche, da ist nicht Sklave noch Freier, da ist nicht Mann und Frau; denn ihr alle seid einer in Christus Jesus«* (Gal 3,28). Wichtig ist ihre Erklärung zu diesem Text, der »... auf die Gleichheit in Christus hinweist und sowohl geistlich als auch praktisch zu verstehen ist, weil das tägliche Ausleben unserer neuen Identität in Christus nicht von der ewigen Wirklichkeit unseres Lebens in ihm getrennt werden kann.«[3]

Genau, der Text weist auf die geistliche Gleichheit in Christus hin. Hinsichtlich des Wertes, der Würde und der Berufung zum Heil gibt es keine Unterschiede zwischen den Geschlechtern, sozialen Ständen und Nationalitäten. Widersprechen muss man ihr allerdings, wenn es um das tägliche Ausleben der neuen Identität in Christus geht. Der gleiche Paulus, von dem Galater 3,28 stammt, äußert sich an anderen Stellen explizit geschlechterspezifisch. Gehören diese Texte nicht auch zur »Perspektive der Erlösung« und hätten irgendwie einfließen müssen?

Was macht M. Smith mit diesen Texten, die ja nun einmal zum Neuen Testament gehören? Sie kommentiert die Texte, aber am Ende ihrer Erklärung sind sie jeweils so zurechtgestutzt, dass sie die nach ihrer Meinung zentrale neutestamentliche Linie nicht gefährden. Selbst ein Text wie *»Der Aufseher nun muss untadelig sein, Mann einer Frau ...«* (1Tim 3,2), der als Ältestenkriterium das Mann-Sein nennt,

---

[3] Ebd., S. 152

erlebt eine wundersame Sinnwandlung. Paulus, so glaubt M. Smith, hat etwas ganz anderes gemeint, als der schlichte Leser vordergründig liest, nämlich: »Es ging hier wohl nicht darum, Frauen auszuschließen, sondern zu betonen, wie wichtig ein monogamer Lebensstil für geistliche Leitungsaufgaben ist.«[4] Wirklich?

Es ist in diesem Zusammenhang eine Annahme zu bedenken. Wie schon erwähnt, hat die Frage der individuellen Begabung in dem besprochenen Buch einen zentralen Stellenwert. Er ist so hoch, dass er andere Texte außer Kraft setzt. Die Gabe ist da, also muss sie eingesetzt werden.

Im Prinzip ist das richtig, es ist eine hohe Verantwortung, die von Gott gegebenen Gaben anzuwenden. Die Gaben haben aber kein unbeeinflussbares Eigenleben. Sie müssen sich übergeordneten Prinzipien fügen. Das ist im Gemeindeleben so, es trifft auch auf das zivile Leben zu. Wenn ich ein Auto habe, das die »Gabe« hat, 200 km/h zu fahren, ist das noch keine Berechtigung, das auch zu tun. Keine Behörde wird der Hinweis auf die Fähigkeiten meines Fahrzeugs beeindrucken, keine Ampelanlage schaltet auf Grün, nur weil mein hochbegabtes Fahrzeug gerade daherkommt. Es gibt Regeln und Grenzen, innerhalb derer die Begabung entfaltet und eingesetzt werden kann. Gott, der die geistlichen Gaben schenkte, hat auch Koordinaten für ihren Einsatz gegeben. Einige dieser Bibelworte betreffen eben auch das Verhältnis zwischen Gaben und Geschlechtern, und wir verbessern nichts, wenn wir sie ignorieren.

Drittes Beispiel: konstruierte Gegensätze
Sonnenstrahlen leuchten auf dem Hintergrund abziehender Gewitterwolken besonders hell. Eine These wirkt besonders aufgeklärt und menschlich, wenn die Gegenthese unmenschlich ist; eine neue Erklärung besonders einladend, wenn die alte irgendeine Zumutungen enthält.

---

[4] Ebd., S. 103

An mehreren Stellen des schon mehrfach erwähnten Buches kann man sich des Eindrucks schlecht erwehren, dass die Gegensätze kräftiger gezeichnet werden, als es gut ist. Wenigstens in drei unterschiedlichen Zusammenhängen wird die »traditionelle Sichtweise« beschrieben, gegen die sich das Buch im Kern richtet. Zunächst unter der Überschrift »Untersuchung der traditionellen Sichtweise«[5], später unter »Glaubensgrundsätze in Bezug auf biblische Autorität«[6] und am Schluss als »Zusammenfassung der Glaubenssätze zur Begründung des hierarchisch orientierten Modells«[7]. Dort wird beschrieben, wie nach Meinung der Verfasser das bisherige Verständnis von biblischer Autorität funktioniert. Da finden sich Sätze, über die man sich wundern kann. Einige Beispiele: »Eines der Hauptmerkmale dieser traditionellen Sichtweise ist, dass Autorität ausschließlich Männern zugestanden wird. Dies führt häufig dazu, dass Autorität mehr in der Person des männlichen Leiters liegt als im Wort Gottes oder in der Gemeinschaft als ganzer. ... Zu dieser Sicht gehören Begriffe wie Autorität, Führungsposition, Entscheidungsgewalt, Macht, Weisungsbefugnis oder Herrschaft. Dabei wird Autorität als Autorität ›über‹ jemand verstanden, der sich unterzuordnen hat.«[8] Tief unter der Oberfläche der Theologie der weiblichen Unterordnung steckt wie ein Stachel der Gedanke, dass Männer eine besondere Beziehung zu Gott haben ... »Denn gerade durch ihre Autorität haben Männer festgelegt, dass Frauen Gott nicht auf jede Weise dienen dürfen, sondern nur in Bereichen, die der männlichen Vorstellung von weiblichem Verhalten entsprechen. ... Diese Irrlehre wurde durch eine in

---

[5] Ebd., S. 26-28

[6] Ebd., S. 129-130

[7] Ebd., S. 149-150

[8] Ebd., S. 27

Autorität verliebte und von Männern dominierte Kultur in die christliche Theologie eingeführt.«[9]

Was Marilyn B. Smith hier schreibt, mögen Beobachtungen sein, die sie gemacht und über die sie sich geärgert hat, es mögen Fehlentwicklungen in kirchlichen Hierarchien sein, es mag das Selbstverständnis in den Köpfen mancher Würdenträger sein. Das ist alles denkbar und kann zu Recht kritisiert werden. Was sie aber nicht hätte tun dürfen, ist dies: Diese Auswüchse als »Glaubensgrundsätze in Bezug auf biblische Autorität« zu bezeichnen. Denn dies alles, was sie hier beschreibt, war noch nie biblisch. Selbst wenn es Praxis war, war es nicht biblisch. Wer das Neue Testament liest – ganz gleich, ob es sich um Herrenworte handelt, ob man bei Paulus oder Petrus nachliest, ist die Botschaft immer gleich: Neutestamentliche Leitungsverantwortung ist wohl Männern zugeordnet, aber keine Herrschaft. Petrus ermahnt die Ältesten: »*... nicht als die, die über ihren Bereich herrschen, sondern indem ihr Vorbilder der Herde werdet*« (1Petr 5,3). Paulus legt den Ältesten von Ephesus bei seiner letzten Begegnung ans Herz, seinem Beispiel zu folgen: »*Ich habe euch in allem gezeigt, dass man so arbeitend sich der Schwachen annehmen und an die Worte des Herrn Jesus denken müsse, der selbst gesagt hat: Geben ist seliger als Nehmen*« (Apg 20,35).

Wenn man etwas biblisch nennt, dann darf das Bauwerk nicht aus vorwiegend unbiblischen Bausteinen bestehen. M. B. Smith baut an dieser Stelle einen Popanz auf, gegen den ihr »neuer Entwurf« wie ein Engel erscheint. Das ist zwar wirkungsvoll, aber nicht redlich.

Ist ungleich ungerecht?

Karl-Marx und seine Freunde träumen vom Ideal einer klassenlosen Gesellschaft. Alle sind gleich, besitzen gleich wenig oder gleich viel. Ja, er kann sogar den Gedanken aussprechen, dass

---

[9] Ebd., S. 129-130

die Aufteilung der Menschheit in zwei Geschlechter ein Grundübel ist. Nur wenn dieser Gegensatz aufgehoben werden könnte, wäre vollendete Gleichheit möglich. Von dieser Idee scheint das oft zitierte Buch ein wenig infiziert zu sein: ungleich ist ungerecht. Ist das wirklich so?

Wenn man den Schöpfungsbericht unter diesem Aspekt liest, wird man bemerken, dass Gott nach dem ersten Schöpfungsakt anfängt zu differenzieren, Ungleichheiten zu schaffen. Er schafft bewusst Unterschiede: Es gibt Wasser und Land. Es ist nicht überall gleich feucht, sondern es gibt ganz nass und ganz trocken. Dann scheidet er Licht und Finsternis. Ist das schlecht? Wäre es besser, wenn es immer ausgeglichen wäre: Immer Dämmerung? Gott macht es anders. Es installiert helles Licht und dunkle Nacht. Gott ruft die Jahreszeiten hervor: Sommer und Winter. Wäre es besser, wenn alles gleich wäre? Immer 13 Grad und Dämmerung?

Und dann schafft Gott den Menschen, als Mann und Frau schuf er ihn. Gott differenziert, er macht den Menschen ungleich: biologisch ungleich, von der Aufgabenstellung ungleich, die physische Ausstattung ist ungleich. Und zwar nicht aus Versehen, sondern als Absicht, zur Ergänzung, zum gegenseitigen Ausgleich der Defizite, zur Bereicherung. Die Unterschiede setzen sich fort, bis in einzelne geistliche Funktionen hinein.

Wir nehmen diese Unterschiede wahr, und wir lesen davon in der Heiligen Schrift. Darauf kann man verschieden reagieren. Man kann Unterschieden prinzipiell misstrauen und das Heil in umfassender Gleichheit suchen. Man kann aber auch davon ausgehen, dass Gott die Unterschiede mit Absicht gesetzt hat, und dass darin zeitlos Sinn und Segen verborgen sind, die es zu entdecken gilt.

Andreas Ebert ist vollzeitlich im Reisedienst der Brüdergemeinden tätig und Leiter der Bibelschule Burgstädt.

John Ortberg: Die Frau schweige?[1]

Bibeltreue auf den Kopf gestellt – eine Rezension

Von Karl-Heinz Vanheiden

Ulrich Eggers, der das Vorwort des Buches von John Ortberg schreibt, beginnt mit der Beteuerung seiner eigenen Bibeltreue und fragt dann, ob die Beschränkung des Dienstes der Frau in der Gemeinde auf Frauen- und Kinderarbeit »nicht eher eine Form von unterbewusstem Rassismus als wirklicher Bibeltreue« (S. 7) sei.

Der Verfasser selbst wird als Pastor und Psychologe vorgestellt. Und tatsächlich baut er seine Argumentation mit großem psychologischem Geschick auf. Er sei nach sorgfältigem Bibelstudium zu der Einsicht gekommen, dass Menschen in der Gemeinde »aufgrund ihrer Gaben und nicht aufgrund ihres Geschlechts einen bestimmten Dienst ausüben sollten« (S.11). Diese Grundthese wird im Buch mehrfach wiederholt.

Dann verbindet er das Problem der Unterdrückung der Frau mit der Rechtfertigung der Sklaverei durch Christen. Er behauptet, die Christen hätten schließlich gelernt, dass es darauf ankäme, welch grundlegende Richtung die Bibel einschlage und was ihre vorherrschenden Aussagen seien, und hätten sich aufgrund dieser Einsicht gegen die Sklaverei gestellt.

Eines seiner Hauptargumente ist die Mehrheit der Bibelstellen, die angeblich gegen einzelne Aussagen des Neuen Testaments sprechen würden. Den Beweis dafür bleibt er regelmäßig schuldig, abgesehen von der äußerst fragwürdigen

---

[1] Vollständiger Titel des Buches: Ortberg, John. Die Frau schweige? Gaben in der Gemeinde – ein Diskussionsbeitrag. Holzgerlingen: Hänssler 2002.

Hermeneutik. Man kann doch nicht einfach biblische Aussagen gegen ihren heilsgeschichtlichen Zusammenhang zusammenzählen.

Ortberg spottet über das Argument, dass Gott doch den Mann zuerst geschaffen habe und er deshalb der Frau vorgeordnet sei (S. 20). Er vergisst aber, dass Paulus genau dieses Argument verwendet (1 Tim 2,13).

Dann erwähnt er drei Frauen aus dem Alten Testament, die Gott prophetisch begabt hatte (Mirjam, Hulda, Debora) und schließt daraus, dass Gott selbstverständlich Frauen in Führungsverantwortung gestellt hat (Wie war das gleich bei Mirjam mit der Führung?) und schließt: »Wieso sollte Gott sich nicht an seine eigenen Regeln halten – wenn es sie denn gäbe?« (S. 26)

Mit psychologischer Raffinesse schildert Ortberg im zweiten Kapitel die Schwierigkeit, den Römerbrief zu verstehen und füllt dann mit viel Fantasie das aus, was weder Schrift noch Zeitgeschichte sagt, nämlich dass die Diakonin Phöbe den Römern diesen schwierigen Brief in Rom erklärt hätte. Wenn Paulus das wirklich gewollt hätte, dann hätte er die Leser noch viel gründlicher darauf vorbereiten müssen, wie er das in Bezug auf Timotheus z.B. in 1. Korinther 4,17; 16,10 getan hat.

Natürlich darf auch die Geschichte mit der angeblichen Apostelin Junia nicht fehlen (Röm 16,7) S. 39. Aber die auf S. 39 zitierte Übersetzung sagt gerade nicht, dass die genannten zwei Personen Apostel seien, sondern dass sie hohes Ansehen bei den Aposteln genießen.

Im dritten Kapitel geht Ortberg dann auf die für seine Sicht problematischen Schriftstellen ein und versucht, sie zu entkräften.

Bezüglich 1. Korinther 11,2-16 behauptet Ortberg, dass es hierbei nur um konkrete Anweisungen für Korinth ginge und entkräftet die Aussagen über die Kopfbedeckung und langes Haar mit der Priestermütze im Alten Testament und mit Simson. Dass auch die Frau bei öffentlichen Veranstaltungen beten und weissagen soll, nimmt er aber als universal an. Man hat den Eindruck, er sucht sich das heraus, was er braucht.

Zu 1. Korinther 14,34.35 nennt der Verfasser mehrere Erklärungsversuche, entscheidet sich dann aber für eine »konkrete Situation ... keine universelle« (S. 51) und das, obwohl Paulus hier ganz deutlich universelle Aussagen macht, vgl. Verse 33.37f.

Zu 1. Timotheus 2,8-15 stellt er seine Informationen über die damalige Zeitgeschichte über die Aussagen der Bibel und versucht auch, den Hinweis auf den Schöpfungsbericht dadurch zu entkräften, dass er behauptet, Paulus würde den Schöpfungsbericht sehr flexibel handhaben und den Rat, den er im 1. Timotheusbrief gegeben habe, trotz des Schöpfungsberichts außer Kraft setzen (S. 61).

Man kann nur hoffen, dass dieses Taschenbuch keine große Verbreitung findet, denn es würde dem Volk Gottes sehr schaden und alle die ermutigen, die geneigt sind, ihre Bibeltreue durch den Zeitgeist zu ersetzen.

Karl-Heinz Vanheiden, 1948 in Jena geboren, studierte von 1968-1971 Physik an der Universität Halle/Saale. Seit 1975 ist er Lehrer an der Bibelschule in Burgstädt/Sachsen und seit 1989 Bibellehrer im Reisedienst. 1998 wurde er Schriftleiter der Zeitschrift »Bibel und Gemeinde«.

Die Frau in der Bibel

Von Joachim Pletsch

Es ist von erheblicher Bedeutung, unter welchen Voraussetzungen wir zu dem biblischen Befund gelangen. Nachfolgend eine Übersicht über die hermeneutischen Prinzipien, die der dann folgenden Untersuchung zugrunde liegen:

1. Die Voraussetzungen einer Untersuchung der Bestimmung der Frau nach der Bibel

- Wir unterscheiden zwischen den grundsätzlichen offenbarungsgemäßen Vorgaben Gottes für die Schöpfung und den kulturellen Entwicklungen und Gewohnheiten einer jeweiligen Zeitepoche.
  Konsequenz: Nicht die Kultur des Menschen ist maßgeblich für die Rollendefinition der Frau, sondern die geoffenbarten Vorgaben Gottes und die daraus abgeleitete Rolle der Frau, die in der Menschheitsgeschichte vielfach nur z.T. umgesetzt wurden oder gar nicht (siehe Polygamie, Feminismus usw.).
- Wir berücksichtigen, dass in der Bibel Umstände und Ereignisse (z.B. auch solche im Zusammenhang mit Frauen) oft einfach geschildert, jedoch nicht bewertet werden.
  Konsequenz: Selbst wenn es um Frauen des Volkes Gottes geht, ist ihre Rolle und Funktion nicht von vorneherein als normativ zu betrachten. (Siehe z.B. das Problem von Verhaltensweisen, die wir heute oft als Sünde und daher nicht als vorbildlich betrachten, vgl. Rahabs Lüge, Jaels heimtückischen Mord usw., aber auch Ausnahmen, die nicht zu verallgemeinern oder zu einem Grundsatz zu erheben sind, z.B. Deborah als Richterin, Hulda als Prophetin.)

- Wir berücksichtigen, dass Gott oftmals nicht oder nicht sofort korrigierend eingreift in Bezug auf etwas, das er in den Verantwortungsbereich des Menschen gestellt hat. Trotzdem gilt für jeden Menschen stets die Herausforderung, in Verantwortung gegenüber dem von Gott (bis dahin) geoffenbarten Willen zu handeln. Von Zeit zu Zeit wird der Mensch von Gott daran erinnert (siehe Propheten) bzw. durch das niedergeschriebene Wort ermahnt und zur Besinnung gebracht (vgl. Josias Fund der Gesetzesrolle, Esras Lesung des Gesetzes, Jeremias Buchrolle).

  Konsequenz: Das Ausbleiben negativer Folgen legitimiert nicht das Unterlaufen von Gottes Grundsätzen und die Missachtung von Gottes Souveränität. Mit anderen Worten: Wenn die Freiheit, die sich manche nehmen, Gottes Wort entsprechend vermeintlich »guter« Ziele umzudeuten oder zu unterlaufen, (zunächst) scheinbar ohne negative Konsequenz bleibt, bedeutet das noch lange nicht, dass Gott unser Handeln gutheißt. Stattdessen müssen wir mit seinem späteren Richterspruch rechnen (siehe Grundsatz von Gal 6,7).

- Wir berücksichtigen, dass der Fortschritt der Offenbarung im Neuen Testament das im AT Dargestellte z.T. in ein klareres Licht rückt.

  Konsequenz: Insbesondere die Stellen des Neuen Testamentes, in denen alttestamentliche Zusammenhänge in Bezug auf die Bestimmung der Frau kommentiert werden, bekommen besonderes Gewicht in der Beurteilung der Ereignisse rund um Frauen des AT.

- Wir berücksichtigen, dass der gegenwärtige Abschnitt der Heilsgeschichte u.U. durch spezifische Grundsätze in Bezug auf die Bestimmung von Mann und Frau gekennzeichnet ist.

  Konsequenz: Die Vorwegnahme künftiger, in der Schrift schon angedeuteter Veränderungen in Bezug auf die Rolle von Mann und Frau ist nicht »vorzeitig« auf die Gegenwart anzuwenden (z.B. geschlechtliche Gleichstellung, neue Schöpfungsordnung). Andererseits stehen die Verhältnisse

nach der Durchführung der Erlösung u.U. unter neuen veränderten Vorzeichen (z.B. Befreiung von der Knechtschaft des Gesetzes, Leben im Geist).
- Für den gegenwärtigen Heilsabschnitt (Zeit der Gemeinde) berücksichtigen wir, dass das NT zwischen häuslichem, öffentlichem und gemeindlichem »Raum« unterscheidet.

Konsequenz: Zuständigkeiten, Aufgaben und »Gewohnheiten« sind nicht ohne Weiteres von einem »Raum« zum anderen übertragbar (vgl. 1Kor 5,12-13; 6,1-4; 14,33b-35; 1Tim 3,15; 5,4-5.14-15; Gal 6,10; siehe aber: 1Tim 3,4-5; 1Petr 2,18; 2Jo 1,10).

2. Gottes Vorgaben für die ursprüngliche und für die gefallene Schöpfung

Wie hat Gott Mann und Frau geschaffen?

Adam wurde zuerst geschaffen aus dem Staub der Erde (1Mo 2,7), und Gott hauchte ihm *»Atem des Lebens«* ein. Danach bildete er die Frau aus einer Rippe Adams (1Mo 2,22), die er aus dessen Seite entnahm mit der ausdrücklichen Absicht, ihm *»eine Hilfe«* zu machen, *»die ihm entspricht«* (1Mo 2,18). Nachdem Gott die Frau zu Adam gebracht hatte, erkannte dieser, dass sie von gleicher Art wie er selbst ist. Adam nannte sie deshalb »Männin«, *»denn vom Mann ist sie genommen«* (1Mo 2,23). Zusammenfassend wird festgestellt, dass Gott den Menschen *»nach seinem Bild«* schuf, und zwar beide: Mann und Frau (1Mo 1,27), dass er den Menschen über die Tiere stellte und ihm den Auftrag gab, sich zu vermehren und die Erde zu füllen (1Mo 1,28).

Wie hat sich Gott das Miteinander von Mann und Frau gedacht?

Eva wird von Gott ausdrücklich als *»Hilfe«* für Adam bezeichnet, d.h.; sie ist ihm zu- und untergeordnet. Die Beziehung von Mann und Frau wird allerdings auch als Einheit gekennzeichnet mit dem Ausdruck *»sie werden zu einem*

Fleisch werden« (1Mo 2,24). Die Handlungsweise Gottes nach dem Sündenfall spiegelt dies wider: Einerseits wird Adam zuerst verantwortlich gemacht und von Gott angesprochen, obwohl es Eva war, die das Gespräch mit der Schlange führte und als Erste von der verbotenen Frucht nahm. Andererseits werden beide bestraft, müssen das Paradies verlassen und erleben als Konsequenz ihrer Sünde, dass sie sterben müssen.

Im NT leitet Paulus aus dem Schöpfungsgeschehen ab, dass die Frau sich dem Mann unterordnen und keinesfalls über ihn herrschen soll, *»denn Adam wurde zuerst gebildet, danach Eva, und Adam wurde nicht betrogen, die Frau aber wurde betrogen und fiel in Übertretung«* (1Tim 2,11-14). An anderer Stelle bezeichnet er den Mann als das *»Haupt«* der Frau (1Kor 11,3) und macht dadurch ein Prinzip geltend: Die Frau ist ihrem Mann untergeordnet (Eph 5,21-24; Kol 3,18; 1Petr 3,1). Der Mann aber soll nicht willkürlich über seine Frau herrschen, sondern in Liebe für sie sorgen (Eph 5,25).

Zusammenfassung
- In Bezug auf die Gottesebenbildlichkeit (personelle Identität) wird kein Unterschied zwischen Mann und Frau gemacht.
- Trotz der Gleichheit in Bezug auf die Gottesebenbildlichkeit gibt es biologische und wesensmäßige Unterschiede zwischen Mann und Frau.
- Es besteht ein Vorrang des Mannes durch die nachträgliche Erschaffung der Frau (dieser Grundsatz wird im NT bestätigt [1Kor 11,9; 1Tim 2,13] und beeinflusst die Interpretation des Schöpfungsgeschehens).
- Deshalb findet hier das Prinzip der Unterordnung im Verhältnis der Frau zum Mann Anwendung (vgl. 1Kor 11,3; 14,34; Eph 5,21-24).
- Die Frau ist nichts ohne den Mann, und der Mann ist nichts ohne die Frau (dieser Grundsatz wird ebenfalls im NT bestätigt [1Kor 11,11-12]).

- Die Frau ist eine Hilfe, die ihrem Mann entspricht bzw. ihn ergänzt (*»Fleisch von meinem Fleisch«*, d.h.; die Frau ist dem Mann zugeordnet, was auch im NT bestätigt wird [1Kor 11,7.9]. Der Frau wird daher keine leitende Rolle in der Gemeinde zugewiesen, sondern sie übt immer eine unterstützende und ergänzende Funktion aus).

3. Die Auswirkung des Sündenfalls auf das Verhältnis von Mann und Frau

Vor dem Sündenfall war das Verhältnis von Mann und Frau völlig harmonisch und von ungebrochenem Vertrauen geprägt. Obwohl Adam und Eva nackt waren, schämten sie sich nicht voreinander (1Mo 2,25). Es gab keine Distanz. Obwohl Individuen, waren ihre Seelen zutiefst miteinander verbunden.

Der Sündenfall wurde möglich, weil Eva auf sich allein gestellt der Verführung Satans nicht standhielt. Sie verhielt sich – abgesehen von ihrem Ungehorsam gegenüber Gottes Anweisungen – nicht entsprechend der von Gott eingeführten Ordnung, in Übereinstimmung mit ihrem Mann zu handeln und zu entscheiden. Auch hier fällt wieder vom NT her Licht auf dieses Geschehen: *»Adam wurde zuerst gebildet, danach Eva; und Adam wurde nicht betrogen, die Frau aber wurde betrogen und fiel in Übertretung«* (1Tim 2,12b-13).

Der Sündenfall brachte für Adam und Eva das Bewusstsein von Schuld und einen Vertrauensbruch, der sich darin äußerte, dass sie sich ihrer Nacktheit bewusst wurden (1Mo 3,7.10) und diese voreinander zu verbergen suchten, indem sie sich vor Gott verstecken und – zur Rede gestellt – ihre Schuld abzuwälzen versuchten: Adam auf Eva; und Eva auf die Schlange. Mann und Frau werden in Bezug auf Sünde gleichermaßen zur Verantwortung gezogen, obgleich in erster Linie der Mann. Dem Mann wird vorgeworfen, dass er auf seine Frau gehört hat und sich zur Sünde verleiten ließ (1Mo 3,12-24). Der Frau wird von Gott in Aussicht gestellt, dass ihr

Verlangen nach ihrem Mann sein wird, dass dieser jedoch über sie herrschen würde.[1]

Die Einheit von Mann und Frau in der Ehe und ihrer beider Auftrag sind durch die Katastrophe der Sünde zwar nicht aufgehoben, sie sind aber – wie ihre gesamte Existenz – fortan durch den Einfluss und die Folgen ihrer Sünde beeinträchtigt (vgl. 1Mo 4,7; Röm 7,23). Die Sünde und ihre Folgen sind zwar bedrückende Realität, aber andererseits bleibt die im Schöpfungsakt hergestellte Gottesebenbildlichkeit erhalten und ermöglicht dem Menschen, im Bezogensein auf Gott und im Gehorsam ihm gegenüber das Miteinander positiv zu gestalten.

4. Welche Rolle spielen Frauen innerhalb des AT?

Der nachfolgende Überblick geht davon aus, dass sich menschliche Kultur als Ausprägung des von Gott gegebenen Auftrags – nach dem Sündenfall – unbedingt an den Vorgaben Gottes für seine Schöpfung (Schöpfungsordnung) messen und ggf. korrigieren lassen muss. Sie muss der Ethik entsprechen, die Gott für das menschliche Handeln vorgibt (siehe z.B. die Unterbindung von Rache und Gewalt bei Kain). Menschliche Kultur hat sich rückblickend jedoch nicht oder nur teilweise

---

[1] Es gibt unterschiedliche Ansätze, wie diese »Ankündigung« zu interpretieren ist. Jedenfalls ist sie kaum als ein Auftrag misszudeuten, sondern wohl treffender als eine Feststellung, die die möglichen Auswirkungen der Sünde berücksichtigt. Die Trennung von Gott durch die Sünde belastet das Verhältnis von Mann und Frau insofern, als sowohl der Mann als auch die Frau sehr leicht überfordert sind, wenn jeweils in dem Gegenüber das durch die gestörte Gottesbeziehung Fehlende gesucht wird: Der Mann überträgt allzu leicht einen göttlichen Anspruch auf sich selbst (vgl. Lamechs Ausspruch gegenüber seinen beiden Frauen in Bezug auf Rache, 1Mo 4,23.24), die Frau verlangt vielleicht nach der Geborgenheit, die eigentlich nur Gott bieten kann, oder – wie die Bedeutung des Wortes »*verlangen*« nahelegt – sie strengt sich an, über den Mann zu herrschen (vgl. NeÜ, Anm. zu 1Mo 3,16). Daraus folgt, dass das Gelingen der Beziehung zwischen Mann und Frau letztlich eher möglich ist in Verbindung mit einer intakten, d.h. durch Glauben und Gehorsam geregelten Beziehung zu Gott.

entsprechend der Kenntnis göttlicher Offenbarung entfaltet. Nur wenn Gottes Vorgaben beachtet werden, können die Auswirkungen der Sünde – wenn auch nicht völlig – einigermaßen in Grenzen gehalten werden – auch in Bezug auf das Verhältnis zwischen Mann und Frau.

Von der Vertreibung aus dem Paradies bis zur babylonischen Zerstreuung

Hier sind nur wenige Beobachtungen möglich, weil die Darstellungen nicht ins Detail gehen. Die Menschheit insgesamt ist im Blick, der Einzelne wird nur hinsichtlich der Gesamtentwicklung betrachtet.

Eva kann als das Urbild der Frau angesehen werden. Adam und Eva sind als Begründer der ehelichen Gemeinschaft zwischen Mann und Frau (Monogamie) die Vorgabe für die nun entstehende menschliche Kultur und Gesellschaft. Aus der ehelichen Gemeinschaft ergibt sich die Bindung der Frau an das Schicksal ihres Mannes (siehe Kain, Noah und seine Söhne). Schon bei Lamech, dem Sohn Kains, kommt es zur Abweichung vom Prinzip der Monogamie (Lamech mit Ada und Zilla und sein Spruch an seine beiden Frauen). Sein Ausspruch gegenüber seinen Frauen zeichnet den Weg der Menschheit vor der Flut vor. Gewalt beherrscht zunehmend die Lebenswelt und das Zusammenleben der Menschen (vgl. Lamechs Spruch, das Urteil Gottes unmittelbar vor der Sintflut): *»Die Erde war erfüllt mit Gewalttat und ... verdorben, denn alles Fleisch hatte seinen Weg verdorben auf Erden«* (1Mo 6,11.12). Der Zugriff der »Söhne Gottes« auf die Töchter der Menschen und die Geburt der Helden der Vorzeit (1Mo 6,1-4) macht deutlich, dass nicht nur in Bezug auf die horizontale Beziehungsebene Grenzen durchbrochen werden, sondern auch auf der vertikalen Ebene.

Nach der Flut droht erneut der Durchbruch menschlicher Überheblichkeit und menschlichen Machtstrebens. Durch die Sprachenverwirrung und die Zerstreuung beugt Gott einer ungebrochenen Fortsetzung dieser Tendenz vor. Die Menschheit entwickelt sich nun ausgehend von kleinsten Einheiten weiter, von denen ab 1. Mose 12 die Sippe Abrams fokussiert wird.

Die Zeit der Patriarchen (ca. 2100-1800 v.Chr.)
Unter den Vorzeichen der Sünde und Trennung von Gott entwickelt sich ein relativ festes Rollengefüge innerhalb der Familien, Sippen und Volksgemeinschaften. Frauen im Altertum unterstehen der Fürsorge des Vaters bzw. Ehemanns. Sie sind dessen Eigentum. Sie müssen geschützt werden, weil sie als Eigentum wertvoll sind. Sie sind lebenslang eingebunden in Abhängigkeit. Diese Situation spiegelt die Entwicklung menschlicher Kultur in den Völkern der Erde wider, dabei konnte sich die Vorrangstellung des Mannes leicht zu Lasten der Frau auswirken. Es gibt jedoch in den sog. Erzvätergeschichten Hinweise auf Freiräume, die sich je nach Persönlichkeit auch für Frauen ergaben, und ihre Stellung innerhalb der Familie und Sippe konnte sehr einflussreich werden (vgl. der Name Sarai=Fürstin). Diese Erzählungen machen jedenfalls deutlich, dass Frauen (Sara, Rebekka, Rahel, Lea usw.) innerhalb der sittlichen und rechtlichen Grenzen ihrer Sippe ihre Persönlichkeit entfalten konnten.

In den Geschichten über die Patriarchen begegnet uns die Frau eingebunden in die Familie bzw. den Sippenverband. Sie widmet sich den häuslichen Aufgaben und konzentriert sich aufs Kindergebären und -betreuen (1Mo 3,16; 1Mo 15,21; 1Mo 30,1-24). Obwohl in erster Linie männliche Personen als Ansprechpartner Gottes und verantwortlich Handelnde gezeigt werden (vgl. Abraham, Isaak, Jakob, Josef, Mose usw.), ist immer wieder erkennbar, dass Gott sich auch Frauen zuwendet (z.B. Hagar, 1Mo 16,1-16) bzw. sich ihrer um deren Not willen annimmt (Sara, Rebekka, Lea). Auch die Frau glaubt und bringt ihren Glauben zum Ausdruck (vgl. Sara, 1Mo 21,6-7; Hagar, 1Mo 16,13; Rebekka, 1Mo 25,21-23; Lea, 1Mo 29,32-35).

Das Beispiel von Abraham und Sara soll hier genauer in Blick genommen werden: Abrahams Berufung bedeutet für seine Frau: Sie muss mit ihm ziehen. Sie muss sich seiner taktischen Vorgehensweise in Ägypten beugen. Gott wacht jedoch darüber, dass ihr nichts Ungebührliches zustößt (er tritt quasi an Abrahams Stelle, der seine Fürsorge vernachlässigt und Sara einer Gefahr ausgesetzt hat). Die Schmach der Kinderlosigkeit in Verbindung mit Abraham, die Sara auf sich zurückführt (*»der HERR hat mich verschlossen, dass ich nicht gebäre«* [16,2]), trägt sie und zieht daraus die Konsequenz, dass auf anderem Weg ein Nachkomme beschafft werden muss. Die göttliche Verheißung bezüglich eines Nachkommen nimmt Sara also insofern ernst, als sie ihre Gebärunfähigkeit akzeptiert und ihrem Mann eine Sklavin zuführt, die an ihrer Stelle – von Abraham geschwängert – gebären soll. Dies führt jedoch später zum Konflikt zwischen Sara und ihrem Mann. Sara hat Verfügungsgewalt über Hagar, die aufgrund ihrer Misshandlung das Heil in der Flucht sucht. Gott greift ein: Er wacht über diese gedemütigte Frau, wendet sich ihr zu und gibt ihr Verheißungen bez. ihres Sohnes. Der von Hagar geborene Sohn (Ismael) wird von Abraham als vollgültiger Sohn aufgenommen und sogar als Erbe der Verheißung vorgesehen (vgl. 17,18). Doch Gott besteht darauf, Abraham durch Sara einen Nachkommen zu schenken. Das Lachen Saras über die von Gott beabsichtigte Lösung wird von Gott zur Kenntnis genommen, er antwortet darauf mit der nochmaligen Bekräftigung seiner Verheißung, dass sie einen Sohn gebären wird. Sara erlebt also am eigenen Leib, dass sie in Gottes Pläne mit Abraham mit hineingenommen und auch den Prüfungen ausgesetzt wird, die in diesem Zusammenhang erfolgen (vgl. 22,1ff: der drohende Verlust Isaaks, ihres Sohnes). Ihr Wunsch zur Ausweisung Hagars und Ismaels aus dem Lager Abrahams wird von Gott unterstützt: *»... in allem, was Sara sagt, höre auf ihre Stimme!«* (1Mo 21,8-13). Nach Saras Tod dokumentiert Abraham seine Wertschätzung für Sara durch seine Trauer und das Bemühen um eine angemessene Begräbnisstätte für die gesamte Familie und ihre Nachkommen. Sara ist die erste Person, die im Grab-Grundbesitz der Höhle Machpela bestattet wird.

Zusammenfassung: Die Familiengeschichten der Patriarchen werfen ein helleres Licht auf die Rolle der Frau in Verbindung mit dem Glauben an Gott: 1. Sie ist fest eingebunden in ihre Familie und Sippe. 2. Mutterschaft und Familienpflege ist ihre vorrangige Aufgabe und ihr Ziel. 3. Sie wird als echte Persönlichkeit greifbar, indem sie im Rahmen ihrer Möglichkeiten handelt und gestaltet. 4. Sie kämpft um ihr Recht und greift auch zu außergewöhnlichen Mitteln, um es durchzusetzen (s. Tamar, 1Mo 38). 5. Sie wird geehrt durch ihre Söhne und Nachkommen. 6. Nach ihrem Tod wird sie begraben, um sie getrauert und die Erinnerung an sie aufrechterhalten.

Die Zeit Israels vom Auszug aus Ägypten bis zur Rückkehr aus dem Exil

Der Zusammenschluss der Sippengemeinschaft zur Volksgemeinschaft bringt Veränderungen mit sich. Das Zusammenleben muss in einem viel weiteren Umfeld geregelt werden, denn die Glaubensgemeinschaft weitet sich auf ein ganzes Volk aus (die 12 Stämme Israels).

Das Gesetz vom Sinai und die Geschlechter

Gott schließt mit dem Volk am Sinai einen Bund und gibt ihm das Gesetz, das die Beziehung zu ihm und alle Lebensbereiche regelt. Der Bezug zu Gott ist der Lebensgemeinschaft des Volkes übergeordnet und schafft das Bindeglied, das alle zusammenhält. Zielpunkt des Gesetzes ist daher nicht vorrangig das individuelle Recht einer einzelnen Person, sondern die Regelung der Gottesbeziehung und die Stärkung der Familien- und Volksgemeinschaft (familiäre und nationale Identität mit einer möglichst ununterbrochenen Abstammungsfolge) im Blick auf eine Entsprechung zum Willen Gottes in allen Bereichen des Lebens. Das von Gott gegebene Gesetz stellt den Vorrang der Männer nicht in

Frage, es spricht jedoch im Rahmen der gegebenen Familien- und Gesellschaftsordnung auch Frauen Rechte und Pflichten zu. Nachfolgend einige Beispiele, die die Pflege ihrer Gottesbeziehung betreffen:
- Männer und Frauen bringen gemeinsam ein Hebopfer zum Bau des Heiligtums (2Mo 35,20-29)
- Frauen haben Zutritt zum Heiligtum (vgl. 3Mo 12,4-8; 15,29; Lk 2,22)
- Männer und Frauen sind gleichermaßen unrein und bedürfen der Reinigung (3Mo 15)

Andere Regelungen bezüglich der Frauen finden sich in 2Mo 22,21-23 (Witwen), 3Mo 12 (Wöchnerinnen), 3Mo 18 (Ehe und Keuschheit), 3Mo 20,9-21 (im Fall von Unzucht), 4Mo 27,1-11; 36,1-12 (Erbrecht), 5Mo 21,10-14 (Ehe mit kriegsgefangenen Frauen), 5Mo 22,13–23,1 (im Fall von Verleumdung und Vergewaltigung), 5Mo 24,1-4 (Scheidebrief), 5Mo 25,5-10 (Schwagerehe).

Exkurs: Ist das Gesetz auch heute noch für die Gemeinde Gottes richtungweisend?

Einerseits nein, andererseits ja. Das Gesetz als Willensäußerung Gottes beinhaltet grundlegende Forderungen für alle Menschen, ob sie nun zu Israel gehören oder nicht. Israel sollte ein Licht für alle Völker der Erde sein, insofern sind die Forderungen Gottes letztlich für alle Menschen verbindlich, es sei denn, sie werden durch nachfolgende spätere Offenbarung oder einen neuen Bund eingeschränkt bzw. ersetzt. Ein neuer Bund wurde durch Jesus Christus gestiftet. Er macht z.B. das Opfersystem und den irdischen Tempeldienst hinfällig. Auch zahlreiche Rechtsbestimmungen für die Volksgemeinschaft Israels haben keine Bedeutung mehr bzw. erst wieder im 1000-jährigen Reich nach der Wiederherstellung Israels. Die neutestamentliche Gemeinde ist keine Volksgemeinschaft, sondern eine geistliche Einheit, die durch geistliche Prinzipien, d.h. durch direkte Leitung von Gott (Heiliger Geist) zustandekommt und funktioniert (obwohl es natürlich auch ein äußeres Erscheinungsbild gibt mit der Regelung rechtlicher und praktischer Dinge).

Andere Aspekte des Gesetzes wie z.B. die Zehn Gebote gelten bis heute als verbindlich in Bezug auf ein ethisches Wertgefüge für die Menschen, weil sie indirekt im Neuen Testament bestätigt werden. In Bezug auf die Rolle von Mann und Frau wird das durchs Gesetz unterstützte Prinzip der Unterordnung der Frau gegenüber ihrem Mann im Neuen Testament bestätigt und aufrechterhalten: »... *sie* (die Frauen) *sollen sich unterordnen, wie auch das Gesetz sagt*« (1Kor 14,34)[2]. Die praktische Umsetzung dieses Prinzips geschieht jedoch unter Berücksichtigung der geistlichen Erneuerung des Menschen durch die Erlösung (Leitmotiv der Liebe und Freiwilligkeit).

Die weitere Entfaltung der Frauenrolle in der Volksgemeinschaft Israels
Die Überlieferung der Geschichte und Kultur Israels wird im weiteren Verlauf detaillierter und beleuchtet auch vielfach die Rolle der Frau im Volk Israel. Vermehrt und konkreter werden Ereignisse rund um Frauen geschildert, die ihre Persönlichkeit und ihren Handlungsspielraum erhellen. Gebete und Aussprüche von Frauen werden in die Bücher des AT aufgenommen (vgl. z.B. 1Sam 2,1-10). In Bezug auf Liebe und Partnerschaft wird sie im Hohenlied als vollwertig mitgestaltende und selbstbewusste Person beschrieben (vgl. Hl 1,1-8; 2,1-10 usw.). Das Buch der Sprüche liefert ein facettenreiches Profil einer geschäftstüchtigen Hausherrin (Spr 31,1-31). Immer wieder werden Frauen beschrieben, die aus der Anonymität heraus- und so in Aktion treten, dass dies der Überlieferung wert erachtet wird (z.B. Deborah, Ri 4–5; Jael, Ri 4,17-22; Rut und Noomi, Rt; Hanna, 1Sam 1–2;

---

[2] Paulus hat hier wohl keine konkrete Aussage im Blick, sondern umschreibt die deutliche Tendenz, die aus den Mosebüchern (Tora) hervorgeht. In der Parallele zu anderen Aussagen hat er hier u.a. das Schöpfungsgeschehen im Blick (vgl. 1Kor 11,9 und 1Tim 3,11-14).

Abigajil, 1Sam 25,2ff und viele mehr). Das Prophetenamt wird gelegentlich von Frauen übernommen (vgl. Mirjam, 2Mo 15,20-21; Debora, Ri 4–5; Hulda, 2Kö 22,14ff; 2Chr 34,22-28; Noadja, Neh 6,14), ja, eine Frau kann in besonderen Fällen sogar in eine königliche Stellung gelangen und so ihrem Volk nützlich sein (vgl. das Buch Ester).

Im Ganzen gesehen bleibt zwar das Rollengefüge mit der familiären, sozialen und öffentlichen Zentralstellung des Mannes der Regelfall, jedoch wird deutlich, wie bedeutend Frauen im Rahmen der Geschichte und Volksgemeinschaft Israels sein konnten und wie ihr persönliches Handeln hoch geschätzt und gewürdigt wurde.

5. Frauen im NT

Gegenüber dem AT wird hier an manchen Stellen und aus außerbiblischen Quellen[3] erkennbar, dass die Frau in der jüdischen Gesellschaft stärkeren Zwängen unterlag bis dahin, dass sich ihre Einstufung und Behandlung zum Teil ins Unrecht verschoben hatte (vgl. Mt 5,31-32). Jesu Handeln stellt sich diesbezüglich daher stellenweise als Bruch mit den zu seiner Zeit vorgefundenen gesellschaftlichen Konventionen dar, jedoch nicht so weit gehend, dass die Auflösung des vom AT vorgegebenen Rollengefüges sein ausdrückliches Ziel gewesen wäre. Dies ist dann auch im weiteren Verlauf nach der Entstehung der Gemeinde bei den Aposteln nicht erkennbar.

Wie ist Jesus Christus Frauen begegnet?
Frauen (vermutlich Witwen bzw. Unverheiratete) gehörten zu den Nachfolgern Jesu (Lk 8,1-3; Mk 16,1) und zu seinem engsten Freundeskreis (Joh 11,1-5). Jesus hat Frauen geheilt (Mt 8,14.15; 9,20ff; 15,22ff; Lk 13,11ff), er hat sie als

---

[3] Siehe z.B. Babylonischer Talmud und Dictionnaire du Judaisme, vox Rabbis sur les femmes. Vgl. auch http://www.orchadasch.at/pdf/frau _im_judentum.pdf

Gesprächspartner ernst genommen (Joh 4,7ff; Lk 10,38-42; Joh 20,11ff) und sie nicht nach bestimmten damaligen gesellschaftlichen Konventionen missachtet oder herabgestuft (Mt 26,10; Mk 14,3ff; Lk 7,37ff; Joh 8,3ff), sondern sie in ihrer persönlichen Situation oder Notlage ernst- und aufgenommen. Er hat Frauen ausdrücklich gelobt und als vorbildlich in ihrem Handeln herausgestellt (vgl. Mt 26,10-13; Mk 12,42.43; Lk 4,26.27; 10,42).

Andererseits untergrub er nicht das schöpfungsgemäße Rollengefüge mit der Vorrangstellung des Mannes und enthielt sich jeglicher »Gesellschaftskritik« diesbezüglich. Er berief keine Frauen in den Kreis der 12 Apostel, er forderte keine Frau direkt auf, alles zu verlassen und ihm nachzufolgen. Die eigene Mutter (und Familie) wies er ab bzw. zurecht, als sie sich Befugnisse über ihn und seinen Auftrag anmaßten (Mk 3,21.31ff; Joh 2,4). Er wies die Mutter von Johannes und Jakobus in ihre Schranken, als sie Jesus darum bat, für Ehrenplätze im Reich Gottes für ihre beiden Söhne zu sorgen (Mt 20,20-24). Er gab seinen Jüngern keine Anweisung, eine neue Gesellschaftsordnung herbeizuführen, sondern den Auftrag, die ganze Welt mit seiner Botschaft zu missionieren (Mt 28,19-20).

Exkurs: Welche Auswirkung hat das Erlösungswerk auf die Rolle von Mann und Frau?
Mann und Frau gleichermaßen bedürfen der Erlösung und können das Erlösungswerk Jesu in Anspruch nehmen. Damit sind sie in Bezug auf das von Gott geschenkte Heil gleichwertig (1Kor 11,11-12; Gal 3,28). Als Beleg dafür ist allein schon die Tatsache zu werten, dass auch die Frauen getauft wurden (vgl. Apg 8,12). Dadurch sind allerdings nicht die von Beginn der Schöpfung an bestehenden natürlichen Ordnungen aufgehoben, unter die jedes Geschöpf von Gott gestellt ist. Die Gabe des Heiligen Geistes (und die damit besiegelte Erlösung) ist ein Unterpfand auf ein zukünftiges (himmlisches) Erbe (Eph 1,13-14; 4,30) mit der dann vollzogenen

Aufhebung der Geschlechter (vgl. Mt 22,30); die Verhältnisse in der gegenwärtigen Schöpfung bleiben bis dahin grundsätzlich unverändert (Röm 8,23; 2Kor 4,7-11.18; 5,1.6-7; Eph 6,12-13; Hebr 2,8; 1Jo 3,2).

In Ehe und Familie ist der Mann das Haupt der Frau (1Kor 11,3; Eph 5,23), das Prinzip der Unterordnung bleibt bestehen (Eph 5,24; Kol 3,18; 1Tim 2,11; 3,4; 1Petr 3,5). Für Mann und Frau bedeutet der Anteil am Heil und an der Erlösung die Befreiung von der Knechtschaft der Sünde (Röm 6,17-18) und die Berufung zu einem Leben in Heiligkeit und Hingabe an Gott (2Petr 3,13-14). Diese Veränderung hat jedoch qualitativ-geistlichen Charakter und geschieht unabhängig von äußeren Bedingungen und Strukturen (vgl. 1Kor 7,17-24). Die Veränderung bestehender gesellschaftlicher Verhältnisse ist weder Voraussetzung noch unbedingte Folge der persönlichen Annahme des Heils.

An keiner Stelle ist im Neuen Testament erkennbar, dass die Heilsordnung die natürlichen und weltlichen Ordnungen aufheben würde. Eine Gleichstellung von Mann und Frau besteht zwar in geistlicher Hinsicht (vgl. auch 1Petr 2,9-10), trotzdem wird aber in Familie und Gemeinde an der göttlichen Schöpfungsordnung festgehalten und ihr auch Ausdruck gegeben.

Welche Rolle weist das NT der Frau in der Gemeinde zu?
Die Frau ist in der Mitarbeit in der Gemeinde einbezogen. Dorkas (Tabita) war *»reich an guten Werken und Almosen«* (Apg 9,36), Lydia wird als *»Anbetende«* bezeichnet und nimmt Paulus und seine Mitarbeiter in ihrem Haus auf (Apg 16,14-15), Priscilla beteiligt sich am (allerdings privaten) Glaubensgespräch mit dem jüdischen Redner Apollos (Apg 18,26), Phöbe wird als *»Dienerin der Gemeinde in Kenchräa«* bezeichnet (Röm 16,1), (Ehe)Frauen werden als Begleiter der Apostel auf ihren »Dienstreisen« erwähnt (1Kor 9,5). In den Grußlisten einiger neutestamentlicher Briefe werden auch Schwestern genannt, z.T. werden sie aufgrund ihrer Verdiens-

te regelrecht ausgezeichnet (Priscilla, Röm 16,3-4; Maria, Röm 16,6; Typhäna und Tryphosa, Persis, Röm 16,12 usw.). Die Frau ist in Bezug auf ihre dem christlichen Bekenntnis gegenüber bestehende Verpflichtung eigenverantwortlich (Apg 8,3; 22,4; 1Kor 7,15; Saphira: vgl. Apg 5,7-10).

Allerdings bleiben der Frau sowohl Leitungsfunktionen als auch das Lehramt verwehrt (1Tim 2,12). In Bezug auf die Mitwirkung bei den Zusammenkünften bleibt sie im Hintergrund (1Tim 2,11; 1Kor 14,33b-35; vgl. auch 1Petr 3,1-5). Sie nimmt zwar ohne Einschränkung daran teil (Zuhören, Singen, Mitbeten; vgl. Apg 1,14; 21,5), soll aber schweigen, d.h. nicht das Wort ergreifen (1Kor 14,34). Sie soll sich jedoch für Glaubensfragen interessieren und ihren Glauben bezeugen (1Kor 14,35; 1Tim 2,10; Tit 2,3). Ihre Gesprächs- und Ansprechpartner finden sich vorrangig im familiären Bereich, bei ihren Kindern, ihrem Ehepartner (1Kor 14,35; 1Tim 5,14; Tit 2,4-5) und unter ihresgleichen (1Tim 5,16; Tit 2,3-4). Darüberhinaus kann sie in praktischer Nächstenliebe auch Armen und Bedürftigen Hilfe leisten und ihr Haus für Gemeindeversammlungen öffnen (Apg 12,12; Röm 16,3-5; Kol 4,15). Auch die Gastfreundschaft ermöglicht ihr ein weites Feld zusätzlicher Betätigungen (Röm 12,13; Hebr 13,2; 2Jo). Besonders als Witwe kann sie sich vielfältig betätigen (vgl. 1Tim 5,9-10), weil sie mehr Freiraum hat.

Exkurs: Welche Rolle weist das NT dem Mann in der Gemeinde zu?

Die von Jesus berufenen 12 Apostel waren ausschließlich Männer (Mk 12,13-19). Auch der von den Aposteln durch Loswahl ermittelte Ersatz für Judas wurde unter zwei männlichen Kandidaten ausgesucht (Apg 1,23.26). Die von der Jerusalemer Gemeinde vorgeschlagenen Diakone waren ebenfalls ausschließlich Männer. Praktisch alle in der Apostelgeschichte genannten Leitungskräfte, Gesandte und Mitarbeiter waren Männer. Allerdings scheint der prophetische Dienst auch Frauen offengestanden zu haben (vgl. Apg

21,8-9; 1Kor 11,5). Die Apostel sahen sich offenbar weder durch Jesu Umgang mit den Frauen noch durch eine Anweisung Jesu dazu veranlasst, etwas an dem traditionellen Rollengefüge zu ändern. Hätte dies in göttlicher Absicht für die Gemeinde gelegen, müsste man mit einem ähnlich maßgeblichen Zeichen rechnen, wie es Petrus in Bezug auf die Heidenmission erlebte (vgl. Apg 10,9-20). Dies findet sich im NT jedoch nicht.

In der Auseinandersetzung mit dem Heidentum und dort zu findender anderer Verhaltensmuster (vgl. Apg 13,50) enthalten die Briefe des Paulus Aussagen und Anweisungen, die das vom Judentum (AT) übernommene Rollenverständnis von Mann und Frau auch in den heidenchristlichen Gemeinden durchsetzen sollen: Leitung und Dienst in der Gemeinde obliegt eindeutig männlichen Personen (Älteste und Diakone; 1Tim 3,1-13; Tit 1,5-9). Die Anrede der Gläubigen in den Briefen geschieht ausschließlich über das männliche Geschlecht (»Brüder« [115x]; siehe Röm 1,13; 1Kor 1,10; 2Kor 1,8; Gal 1,11 usw.), auch wenn dabei indirekt oft auch die Schwestern miteinbezogen sind (Ausnahme: »ihr Frauen«, wenn konkret die Gruppe der Frauen angesprochen wird, Kol 3,18; 1Petr 3,1). Zum (wohl öffentlichen) Gebet werden ausdrücklich die Männer aufgerufen, die Frauen jedoch nicht (1Tim 2,8)!

6. Fazit

An der Verbindlichkeit von Gottes Vorgaben für die Schöpfung hat sich auch im gegenwärtigen Heilsabschnitt nichts geändert. Die Gemeinde ist daher herausgefordert, Gottes Vorgaben (seine Schöpfungsordnung) angemessen umzusetzen, um Gott, den Schöpfer, zu verherrlichen. Sie hat dazu durch die von Jesus vollbrachte Erlösung jedoch veränderte Voraussetzungen. Durch den Heiligen Geist können Mann und Frau mit der Befähigung zur Liebe, Vergebung und freiwilligen Unterordnung (gemäß dem Vorbild Christi) das

Verhältnis untereinander viel leichter entsprechend den göttlichen Vorgaben gestalten, denn die Auswirkungen der Sünde können mit der Hilfe Gottes überwunden werden. Ebenso kann das Miteinander in der Gemeinde nach diesen Vorgaben gestaltet werden. Männer und Frauen können sich im Dienst für Gott gemäß der ihnen zugewiesenen z.T. unterschiedlichen Aufgaben gegenseitig ergänzen und den Bau der Gemeinde Gottes vorantreiben. Der Richtschnur zu folgen, wie sie vom biblischen Zeugnis her vorgezeichnet ist, wird sich in das persönliche und gemeindliche Umfeld hinein segensvoll auswirken, denn nicht etwa eine Anpassung an gesellschaftliche Vorgaben, die von ganz anderen Überzeugungen ausgehen, wird von Gott gesegnet werden, sondern das Festhalten an seinen in der Bibel geoffenbarten Prinzipien, auch wenn diese gesellschaftlich belächelt und als überholt betrachtet werden.

»Du aber bleibe in dem, was du gelernt hast und wovon du überzeugt bist, da du weißt, von wem du gelernt hast, und weil du von Kind auf die heiligen Schriften kennst, die Kraft haben, dich weise zu machen zur Rettung durch den Glauben, der in Christus Jesus ist« (2Tim 3,14-15).

Joachim Pletsch, Jg. 1957, verheiratet, zwei Kinder, ist examinierter Lehrer für die Sekundarstufe I und seit 1995 tätig als Lektor.

Alle Frauen der Bibel

Eine tabellarische Übersicht

Name	Bedeutung* (falls nicht anders benannt: hebr.)	Fundort(e) (in der Reihenfolge ihres Vorkommens)	Zuordnung
ALTES TESTAMENT			
Eva	Mutter des Lebens	1Mo 2; 3	Frau Adams
Kains Frau		1Mo 4,1-18	Kain
Zilla	Schatten? Unter (Gottes) Schutz?	1Mo 4,19-23	Frau Lamechs
Ada	Geschmückte?	1Mo 4,19-24	Frau Lamechs
Naama	lieblich	1Mo 4,22	die Schwester Tubal-Kains
Töchter von Set, Enosch, Mahalel; Jered, Metuschelach, Lamech		1Mo 5	Menschheit vor der Sintflut
Noahs Frau und Schwiegertöchter		1Mo 6–9	Sintflut
Töchter der Menschen		1Mo 6,1-5	Menschheit vor der Sintflut
Jiska	Gott hat freundlich angesehen	1Mo 11,29	Tochter Harans, Schwester Lots und Milkas
Milka	Königsfrau? Beraterin?	1Mo 11,29; 22,20-23	Großmutter Rebekkas und Frau Nahors (Abrahams Bruder)
Sara(i)	Fürstin	1Mo 11,29-31; 12,5-17; 16,1-8; 17,15-21; 18,5-15; 20,2-18; 21,1-12; 24,36.67; 25,10-12; 49,31; Jes 51,2; Röm 4,19; 9,9; Gal 4,21-31; Hebr 11,11; 1Petr 3,6	Frau Abrahams
Hagar	?	1Mo 16,1-8.15.16; 21,9-17; 25,12; Gal 4,24.25	Nebenfrau Abrahams
Lots Frau		1Mo 19,26	Lot auf der Flucht aus Sodom
Lots Töchter		1Mo 19,30-38	Lot in Zoar, zeugt Söhne mit seinen Töchtern

Name	Bedeutung (falls nicht anders benannt: hebr.)	Fundort(e) (in der Reihenfolge ihres Vorkommens)	Zuordnung
Rebekka	Bestrickende? Verbindung? Kuh?	1Mo 22,23; 24,15-67; 26,6-11.34; 27,1-17.46; 28,5; 49,31	Frau Isaaks
Rëuma	Wildkuh? Perlen?	1Mo 22,24	Nebenfrau Nahors, des Bruders Abrahams
Ketura	in Räucherwerk gehüllt	1Mo 25,1.4; 1Chr 1,32.33	Zweite Frau Abrahams
Timna	die Zurückhaltende?	1Mo 26,12	Nebenfrau Elifas', eines Sohnes Esaus
Basemat	Wohlgeruch, Balsam	1Mo 26,34	Frau Esaus
Oholibama	Mein Zelt ist auf der Höhe	1Mo 26,34	Frau Esaus
Jehudith	Jüdäerin	1Mo 26,34; 36,14.18.25?	Hetitische Frau Esaus
Mahalat	Krankheit?, Reigentanz?, Klugheit?	1Mo 28,9	Tochter Ismaels und Frau Esaus
Bilha	Sorglosigkeit? Bescheidenheit?	1Mo 29–30; 35,22-25	Nebenfrau Jakobs, Magd Rahels
Silpa	Rangstufe?, Ehrenrang? (arab.)	1Mo 29–30; 35,22-25	Nebenfrau Jakobs, Magd Leas
Lea	Steinbock?	1Mo 29-33; 35,16-19; 46,15-18; Rt 4,11; Jer 31,15; Mt 2,18	Frau Jakobs
Rahel	Mutterschaf	1Mo 29-33; 35,16-19; 46,15-18; Rt 4,11; Jer 31,15; Mt 2,18	Frau Jakobs
Dina	Rechtsstreit o. Rechtsspruch	1Mo 30,21; 34; 46,15	Nebenfrau Jakobs
Timna	die Zurückhaltende?	1Mo 36,22	Schwester Lotans, eines Führer der Horiter
Mehetabel	Gott ist gut (aram.)	1Mo 36,39	Frau Hadars, des Herrschers von Edom
Tamar	(Dattel-)Palme	1Mo 38	Schwiegertochter Judas
Potifars Frau		1Mo 39,1-18	Josef als Sklave im Haus des Potifar
Asenat	der Neith geweiht (ägypt.)	1Mo 41,45.50; 46,20	Frau Josefs in Ägypten

Name	Bedeutung (falls nicht anders benannt: hebr.)	Fundort(e) (in der Reihenfolge ihres Vorkommens)	Zuordnung
Serach	gedeihen lassen?	1Mo 46,17; 4Mo 26,46	Tochter Assers, des Sohnes Jakobs
Pua und Schifra	Glanz, Morgenröte? Mädchen? / Schönheit, Heiterkeit?	2Mo 1,15-21	Hebammen Israels in Ägypten
Mirjam	Beleibte? Bitter? Herrin? Meer? Geliebte?	2Mo 2,1-10; 15,20.21; 4Mo 12,1-15; 20,1; 5Mo 24,9	Schwester Moses
Jochebed	Der Herr hat sich als herrlich erwiesen	2Mo 2,1-10; 6,20; 4Mo 26,59	Frau Amrams
Pharaos Tochter		2Mo 2,1-10; Apg 7,21.22; Hebr 11,24	Moses Rettung aus dem Nil
Zippora	kleiner Vogel	2Mo 2,21.22; 4,25; 18,1-6; 4Mo 12,1	Frau Moses
Elischeba	(Mein) Gott ist Fülle	2Mo 6,23	Frau Aaron und Mutter von Nadab, Abihu, Eleasar und Itamar
Künstlerinnen		2Mo 35,22-29	Bau der Stiftshütte
Schelomit	Friedvolle	3Mo 24,11	Mutter eines Gotteslästerers
Kosbi	die Üppige o. lügenhaft?	4Mo 25; 31,15-16	Midianiterin
Hogla	Rebhuhn	4Mo 27,1-11; 36,1-13; Jos 17,3-5	Tochter Zelofhads
Machla	Krankheit?, Reigentanz?, Klugheit?	4Mo 27,1-11; 36,1-13; Jos 17,3-5	Tochter Zelofhads
Milka	Königsfrau? Beraterin?	4Mo 27,1-11; 36,1-13; Jos 17,3-5	Tochter Zelofhads
Noa	Beweglichkeit?, elastischer Gang?	4Mo 27,1-11; 36,1-13; Jos 17,3-5	Tochter Zelofhads
Tirza	wohlgefällig?	4Mo 27,1-11; 36,1-13; Jos 17,3-5	Tochter Zelofhads
Rahab	(Gott) hat breit gemacht, befreit?	Jos 2,1-24; 6,17-25; Mt 1,5; Hebr 11,31; Jak 2,25	Eroberung Jerichos
Achsa	Fußspange (Schmuckstück)	Jos 15,13-19	Tochter Kalebs; Landnahme
Debora	Biene	Ri 4; 5	Frau Lappidots, Richterin Israels
Jael	Steinbock	Ri 4; 5	Frau Hebers

Name	Bedeutung (falls nicht anders benannt: hebr.)	Fundort(e) (in der Reihenfolge ihres Vorkommens)	Zuordnung
Jeftas Tochter		Ri 10; 11	Opfer eines unbedachten Gelübdes
Manoachs Frau		Ri 13	Simsons Mutter
Philisterin		Ri 14; 15	Frau Simsons
Delila	herabfallende Flocke? o. die Kleine?	Ri 16	Hure Simsons
Nebenfrau eines Leviten		Ri 19	Moralischer Niedergang in der Richterzeit
Noomi	Wonne, Lieblichkeit	Rt	Frau Elimelechs
Rut	Erquickung? Schöner Anblick? Freundschaft?	Rt; Mt 1,5	Schwiegertochter Naemis
Orpa	Hartnäckigkeit?	Rt 1,4.14	Schwägerin Ruts
Mara	bitter	Rt 1,20	Zweitname Noomis
Hanna	Gnade o. Anmut	1Sam 1; 2	Frau Elkanas und Mutter Samuels
Peninna	Koralle	1Sam 1,2-7	Frau Elkanas
Michal	Wer ist wie Gott?	1Sam 14,49; 18,17-28; 19,10-17; 25,44; 2Sam 3,13.14; 6,16-23; 1Chr 15,25-29	Sauls Tochter
Ahinoam	(Mein) Bruder ist Wonne, Bruder der Anmut	1Sam 14,50	Sauls Frau
Israels Frauen		1Sam 18,6-8	Tanzen und Singen zu Sauls und Davids Siegen über die Philister
Merab	Vermehrung	1Sam 18,17-19; 2Sam 21,8	Älteste Tochter Sauls
Abigajil	(Mein) Vater freut sich	1Sam 25,3-42; 27,3; 30,5; 2Sam 2,2; 3,2; 1Chr 3,1	Nabals Frau
Zeruja	mit Balsam parfümiert?	1Sam 26,6; 1Chr 2,16	Schwester König Davids, Mutter Joabs, seines Heerführers
Totenbeschwörerin von Endor		1Sam 28,5-25	Wurde von König Saul befragt
Maacha	?	2Sam 3,3; 1Chr 3,2	Frau König Davids u. Mutter Absaloms

Name	Bedeutung (falls nicht anders benannt: hebr.)	Fundort(e) (in der Reihenfolge ihres Vorkommens)	Zuordnung
Abital	(Mein) Vater ist Tau (im Sinne von Segen)	2Sam 3,4; 1Chr 3,3	Frau Davids
Haggit	die Festliche, festlich Geschmückte o. die am Fest Geborene	2Sam 3,4; 1Kö 1,5	Frau David und Mutter von Adonija
Egla	Kälbchen	2Sam 3,5; 1Chr 3,3	Frau Davids
Rizpa	Glühkohle	2Sam 3,7; 21,1-14	Davids Nebenfrau
Batseba	Tochter der Fülle o. die Üppige	2Sam 11,1-27; 12,1-24.28-31; 1Kö 1,21; 2,13-25	Frau Urias, später Königs Davids
Tamar	(Dattel-)Palme	2Sam 13	Tochter Davids
Frau aus Tekoa		2Sam 14,2-22	von Joab zur Fürsprache für Absalom beauftragt
Tamar	(Dattel-)Palme	2Sam 14,27	Tochter Absaloms
Nebenfrauen Davids		2Sam 15,16; 16,21-23; 20,3	Wurden von Absalom bei seiner Rebellion in Besitz genommen
Frau aus Abel-Bet-Maacha		2Sam 20,16-22	Schebas Flucht vor Joab
Abischag	(Mein) Vater hat groß gemacht? o. hat geschützt?	1Kö 1,1-4	Frau Davids in seinem Alter
Zwei Frauen vor Salomo		1Kö 3,16-27	stritten sich um ein Kind
Tafat	Tropfen?	1Kö 4,11	Tochter Salomos
Königin von Saba		1Kö 10,1-10; 2Chr 9,1-9	Zur Zeit Salomos
Tachpenes	Haupt des Landes? (ägypt.)	1Kö 11,18-20	Äthiopische Königin
Jerobeams Frau		1Kö 14,1-18	Von Jerobeam zum Propheten Ahija in Silo geschickt
Naama	lieblich	1Kö 14,21-31	Mutter König Rehabeams
Maacha	?	1Kö 15,2-13; 2Chr 11,20-22; 13,2	Frau König Rehabeams und Mutter seines Nachfolgers Abija

Name	Bedeutung (falls nicht anders benannt: hebr.)	Fundort(e) (in der Reihenfolge ihres Vorkommens)	Zuordnung
Isebel	unerträglich o. unberührt?	1Kö 16,31; 18,1-13; 19,1.2; 21,1-25; 2Kö 9,1-37	Frau König Ahabs, verantwortlich für die Einführung des Baals-Götzendienstes in Israel
Witwe von Zarpat		1Kö 17; Lk 4,26-27	versorgte den Propheten Elia
Witwe eines Prophetenjüngers		2Kö 4,1-7	bekam Hilfe durch den Propheten Elisa
Schunemiterin		2Kö 4,8-37; 8,1-6	versorgte den Propheten Elisa
Sklavenmädchen		2Kö 5,2.3	Naaman
Frau aus Samaria		2Kö 6,25-33	Während einer Hungersnot aufgrund einer Belagerung
Atalja	Der Herr hat seine Größe gezeigt	2Kö 8,26; 11,1-20	Tochter Isebels
Joscheba	Der Herr ist Fülle	2Kö 11,2; 2Chr 22,11	Schwester König Ahasjas
Zibja	Gazelle	2Kö 12,2	Mutter König Joaschs
Schimat	Erhörung	2Kö 12,21	Ammoniterin, Mutter eines Verschwörers
Schomer	Hüter (im Sinne, dass Gott das Kind behütet)	2Kö 12,21; 2Chr 24,26 (Schimrit)	Moabiterin
Jecholja	Gott kann (mir ein Kind schenken)	2Kö 15,2; 2Chr 26,3	Mutter von Usija (Asarja) dem 10. König von Juda
Jeruscha	in Besitz genommen	2Kö 15,33; 2Chr 27,1	Frau Usijas und Mutter Jotams (Könige von Juda)
Abija	(Mein) Vater ist Jahwe	2Kö 18,2	Mutter Hiskias
Meschullemet	ersetzt (im Sinne von Ersatz für ein verlorenes Kind)	2Kö 21,19	Frau König Manasses
Jedida	Geliebte	2Kö 22,1	Mutter König Josias (16. König nach David)
Hulda	Wiesel, Maulwurf	2Kö 22,14-20; 2Chr 34,22-28	Prophetin

Name	Bedeutung (falls nicht anders benannt: hebr.)	Fundort(e) (in der Reihenfolge ihres Vorkommens)	Zuordnung
Hamutal	Eidechse?	2Kö 23,31; 24,18; Jer 52,1	Frau König Josias, Mutter von Joahas und Zedekia
Nehuschta	die Eherne	2Kö 24,8	Mutter König Jojachins
Jeriot	Zelttücher? Furchtsam?	1Chr 2,18	Frau Kalebs
Efrata	Fruchtbar sein	1Chr 2,19.50; 4,4	Frau eines anderen Kalebs
Abija	(Mein) Vater ist Jahwe	1Chr 2,24; 2Chr 29,1	Frau von Hezron
Atara	Krone, Diadem	1Chr 2,26	Nachfahrin Jerachmeels
Abihajil	(Mein) Vater ist Stärke	1Chr 2,29	Frau Abischurs
Achlai	Edelstein? Ach dass doch!?	1Chr 2,31	Nachfahrin Judas
Efa	Dunkelheit? Müde?	1Chr 2,46	Nebenfrau Kalebs
Maacha	?	1Chr 2,48	Nebenfrau eines Kaleb
Hazlelponi	Beschatte mein Gesicht?	1Chr 4,3	unbekannte Frau von den Nachkommen Judas
Naara	Mädchen	1Chr 4,5.6	Frau Aschhurs
Bitja	Tochter Jahwes	1Chr 4,18	Tochter eines Pharaos
Maacha	?	1Chr 7,15.16	Frau Makirs aus Manasse
Scheera	blutsverwandt? Übrig bleiben?	1Chr 7,24	Ephraimiterin, Gründerin von drei Städten
Schua	Hilfe?	1Chr 7,32	Tochter Hebers
Hodesch	Neumond	1Chr 8,8	unbekannte Frau von den Nachkommen Benjamins
Maacha	?	1Chr 8,29; 9,35	Frau Jeiëls (Vorfahr von Saul)
Mahalat	Krankheit?, Reigentanz?, Klugheit?	2Chr 11,18	Tochter Davids und Frau Rehabeams
Abihajil	(Mein) Vater ist Stärke	2Chr 11,18	Frau von Davids Sohn Jerimot

Name	Bedeutung (falls nicht anders benannt: hebr.)	Fundort(e) (in der Reihenfolge ihres Vorkommens)	Zuordnung
Schimrit	behüten (im Sinne eines Wunsches für das Kind)	2Chr 24,26	Moabiterin
Noadja	Jahwe hat sich kundgetan	Neh 6,14	Prophetin, die gegen Nehemia agierte
Wasti	? (pers.)	Est 1,10-22	Frau des Königs Ahasveros (verstoßen)
Ester (Hadassa)	Stern (Myrthe) (pers.)	Ester	Judas Exil im pers. Reich
Seresch	Gold? (pers.) Wurzel? (hebr.)	Est 5,10.14; 6,13	Frau Hamans, des Judenfeindes
Hiobs Frau		Hi 2,9.10	Hiob
Jemima	Taube	Hi 42,14	Tochter Hiobs
Keren-Happuch	Schminkdöschen	Hi 42,14	Tochter Hiobs
Kezia	Zimtblüten o. -rinde	Hi 42,14	Tochter Hiobs
fremde Frau o. Ausländerin		Spr 7,5ff	eine Frau, die zum Ehebruch verführte
Mutter Lemuels		Spr 31,1.10	Von ihr stammt das Loblied über die tüchtige Frau
Sulamith	die Friedfertige, Friedliche	Hl 7,1	Frau Salomos, die ein Zwiegespräch mit ihm führt
Jesajas Frau		Jes 8,3	auch als Prophetin bezeichnet
Königin der Chaldäer		Dan 5,10-12	Königin in Babel, die gegenüber Belsazar als Ratgeberin auftritt
Gomer	?	Hos 1,2.3.6	Tochter Diblajims; hurerische Frau, die Hosea auf Gottes Befehl heiratete
Lo-Ruhama	Nicht-Erbarmen o. ungeliebt	Hos 1,6-8; 2,23	Tochter des Propheten Hoseas
Töchter des Volkes Israel		Hes 13,17-23	Frauen, die falsch weissagen und Wahrsagerei treiben
Hesekiels Frau		Hes 24,15-18	Ihr Tod wurde von Gott angekündigt.
143 Fundstellen AT gesamt			

Name	Bedeutung (falls nicht anders benannt: hebr.)	Fundort(e) (in der Reihenfolge ihres Vorkommens)	Zuordnung
NEUES TESTAMENT			
Maria	griech. Form von Mirjam (hebr.)	Mt 1,16-25; Lk 1,26-56	Mutter Jesu
Schwiegermutter des Petrus		Mt 8,14-15	wurde von Jesus geheilt und diente ihm
Frau und Tochter des Jairus		Mt 9,18-25	Die Tochter wurde durch Jesus vom Tod erweckt
Frau mit Blutungen		Mt 9,20-22	Sie berührte das Gewand Jesu und wurde wegen ihres Glaubens sofort geheilt
Herodias	Heldenspross o. Heldin (griech.)	Mt 14,3-6; Mk 6,14-29; Lk 3,19	Sorgte für die Hinrichtung Johannes des Täufers
Salome	Frieden (hebr.) o. ersetzen	Mt 14,3-11	Tochter der Herodias, beteiligt an der Hinrichtung Johannes d. Täufers
Kanaanäische Frau		Mt 15,21-28	Aus dem Gebiet von Tyrus und Sidon
Frau, die Jesus salbte		Mt 26,1-13	dies geschah im Haus von Simon, dem Aussätzigen
Magd beim Verhör Jesu		Mt 26,69-71	erkannt Petrus als Jünger Jesu
Frau des Pilatus		Mt 27,19	Litt im Traum um Jesu willen
Salome	Frieden (hebr.) o. ersetzen	Mt 27,56; Mk 15,40.41; 16,1	Frau des Zebedäus, Mutter von Johannes und Jakobus
Maria	griech. Form von Mirjam (hebr.)	Mt 27,61; 28,1; Mk 15,40.47	Mutter des Jakobus und Joses
Witwe mit dem Almosen		Mt 12,42.32	wurde von Jesus als Vorbild herausgestellt

Name	Bedeutung (falls nicht anders benannt: hebr.)	Fundort(e) (in der Reihenfolge ihres Vorkommens)	Zuordnung
Elisabeth (hebr.: **Elischewa**)	(Mein) Gott ist Fülle (griech.)	Lk 1	Frau des Priesters Zacharias und Mutter Johannes des Täufers
Anna	hebr. Hanna = Gnade, Anmut	Lk 2,36-38	Prophetin
Witwe von Nain		Lk 7,11-15	ihr Sohn wurde durch Jesus vom Tod auferweckt
Sünderin, die Jesus salbte		Lk 7,36-50	dies geschah im Haus des Pharisäers Simon
Magdalena	aus Magdala (hebr.)	Lk 8,2	Jüngerin Jesu
Maria Magdalena	griech. Form von Mirjam (hebr.)	Lk 8,2; Joh 20,1-18	Jüngerin Jesu
Johanna	Der Herr hat sich erbarmt (hebr.)	Lk 8,3	Frau des Chusa (Verwalter des Herodes), Jüngerin Jesu
Susanna	Lilie, Anemone (griech.)	Lk 8,3	Jüngerin Jesu
Martha	Herrin (aram.)	Lk 10,38-42	Schwester der Maria und des Lazarus
Maria	griech. Form von Mirjam (hebr.)	Lk 10,39-42; Joh 11	Schwester Marthas und Lazarus'
Frau, die die Mutter Jesu selig pries		Lk 11,27-28	während Jesus zu einer Volksmenge sprach
Verkrümmte Frau		Lk 13,10-17	wurde von Jesus an einem Sabbat geheilt
Zeuginnen der Auferstehung		Lk 23,55.56; 24,1-12	überbrachten den Aposteln die Worte der Engel
Braut aus Kana in Galiläa		Joh 2,1-11	erlebte, wie Jesus Wasser zu Wein machte
Samaritanerin, mit der Jesus sprach		Joh 4,6-42	erkannte Jesus als Messias und Retter

Name	Bedeutung (falls nicht anders benannt: hebr.)	Fundort(e) (in der Reihenfolge ihres Vorkommens)	Zuordnung
Ehebrecherin		Joh 8,3-11	Wurde zu Jesus gebracht, um ihn zu einem falschen Urteil zu verleiten
Betende Jüngerinnen		Apg 1,15	Jesusjüngerinnen unmittelbar vor Pfingsten
Saphira	die Schöne (aram.)	Apg 5,1-10	Frau des Ananias, Christin in Jerusalem, belog die Apostel u.d. Hl. Geist
Frauen in Jerusalem		Apg 5,14	glaubten und wurden der Gemeinde hinzugefügt
Witwen der *hellenistischen* Juden in der Urgemeinde		Apg 6,1-7	wurden bei der Versorgung vernachlässigt
Witwen der *hebräischen* Juden in der Urgemeinde		Apg 6,1-7	wurden bei der Versorgung bevorzugt behandelt
Kandake	Bezeichnung eines Titels (Königin)	Apg 8	Dienstherrin des von Philippus getauften Kämmerers
Verfolgte Jüngerinnen		Apg 8,3	wurden von Saulus verschleppt und ins Gefängnis geworfen
Samaritanerinnen, die getauft wurden		Apg 8,12	dies geschah auf die Verkündigung des Philippus hin
Dorkas (aram. Tabita)	Gazelle (griech.)	Apg 9,36-43	Christin in Joppe
Witwen		Apg 9,39-41	wurden von Tabitha versorgt
Maria	griech. Form von Mirjam (hebr.)	Apg 12,12	Mutter des Johannes Markus
Rhode	Rose (griech.)	Apg 12,13	Magd im Hause der Maria, der Mutter des Johannes Markus

Name	Bedeutung (falls nicht anders benannt: hebr.)	Fundort(e) (in der Reihenfolge ihres Vorkommens)	Zuordnung
Angesehene Frauen		Apg 13,50; 17,4	Frauen mit besonderem gesellschaftlichem Rang?
Jüdische gläubige Frau		Apg 16,1	aus Derbe oder Lystra, Mutter des Timotheus
Lydia	Frau aus Lydien (griech.)	Apg 16,14.15.40	Wohlhabende Frau in Phillippi, erste Christin Europas
Besessene Sklavin		Apg 16,16-24	Von Paulus befreit
Damaris	Gattin? Geliebte? Kalb? (griech.)	Apg 17,34	Frau aus Athen
Priszilla	alt, ehrwürdig (griech.)	Apg 18,2.18.26; Röm 16,3; 1Kor 16,19; 2Tim 4,19	Frau Aquilas, Mitarbeiter des Paulus
Christliche Frauen bei Tyrus		Apg 21,5	bei der Abreise des Paulus nach Jerusalem
Töchter des Diakons und Evangelisten Philippus		Apg 21,9	weissagten im Haus ihres Vaters (Cäsarea)
Schwester des Paulus		Apg 23,16	ihr Sohn (Neffe des Paulus) rettete Paulus das Leben
Drusilla	vom Tau besprengt? (lat.)	Apg 24,24	jüdische Frau des Felix
Berenike	Siegbringerin (mazedon.)	Apg 25,13.23.30-32	Schwester König Agrippas
Phöbe	die Leuchtende (griech.)	Röm 16,1.2	Dienerin der Gemeinde von Kenchräa b. Korinth
Maria	griech. Form von Mirjam (hebr.)	Röm 16,6	Christin in Rom
Junia	der Juno geweiht (lat.)	Röm 16,7	hoch angesehene Christin in Rom
Persis	Zerstörung (griech.)	Röm 16,12	fleißige Christin in Rom
Tryphäna	verwöhnt, weichlich (griech.)	Röm 16,12	Christin in Rom

Name	Bedeutung (falls nicht anders benannt: hebr.)	Fundort(e) (in der Reihenfolge ihres Vorkommens)	Zuordnung
Julia	aus dem Geschlecht der Julier (lat.)	Röm 16,15	Christin in Rom
Chloe	junges Grün (griech.)	1Kor 1,11	Christin in Korinth
Euodia (Evodia)	Wohlgeruch (griech.)	Phil 4,2	Christin in Philippi
Syntyche	günstige Fügung o. die Glückliche (griech.)	Phil 4,2.3	Christin in Philippi
Eunike	guter, glücklicher Sieg (griech.)	2Tim 1,5	Mutter des Timotheus
Lois	wohlgefällig (griech.)	2Tim 1,5	Großmutter des Timotheus
Klaudia	hinkend (lat.)	2Tim 4,21	Christin in Rom
Appia	fruchtbar (lat.)	Phim 2	unbekannte Frau
Die auserwählte Schwester		2Jo 13	Empfängerin eines Briefes von Johannes
Isebel	unerträglich o. unberührt?	Offb 2,20	eine selbsternannte Prophetin in der Gemeinde von Thyatira, eine Verführerin
67 Fundstellen NT gesamt			

* Die Angaben zur Bedeutung der Namen nach: S.&L. Richards, Alle Frauen der Bibel, Ihre Geschichte. Ihre Fragen. Ihre Nöte. Ihre Stärke. Von Abigajil bis Zippora. Brunnen Verlag Gießen 2002.

»Ich bin gerne Frau«

Von Heike Prang

Ja, das stimmt wirklich! Je älter ich werde und als Frau mein Leben gestalten darf, desto besser gefällt es mir, und ich bin Gott dankbar, dass ich Frau sein darf. Was habe ich als Frau nicht alles für großartige Möglichkeiten, Leben zu gestalten, kreativ zu sein ... Und das in den unterschiedlichsten Bereichen. Ob es mein eigener Haushalt ist, meine Wohnung, wie ich sie mir gemütlich mache. Ob ich anderen Menschen begegne, sie wahrnehme und in Kontakt mit ihnen sein kann. Ob ich Familie erlebe und genieße, Freunde habe, im Gespräch bin, mich einbringe mit Ideen, Gaben, in der Gemeinde und da, wo Gott Möglichkeiten schenkt. Einfach genial – oder etwa nicht?

Was gibt mir meine innere Zufriedenheit?
So wie mein Leben verlief, war es an manchen Stellen anders, als viele andere Frauen es erleben. (Wobei ich glaube, dass jede Frau ein ganz besonderes, einzigartiges Leben hat.) Durch die Krankheit meiner Mutter war ich als junge Erwachsene sehr zu Hause eingebunden. Aber Gott ermöglichte mir dennoch eine dreijährige Bibelschulzeit. Anschließend durfte ich vollzeitig in der Kinderarbeit tätig sein. All das waren Jahre, in denen ich als Single lebte, die Vorzüge genoss, aber auch das Alleinsein zu bewältigen hatte. Natürlich hätte ich auch gerne geheiratet und eine Familie mit Kindern gehabt. Das war dann besonders schlimm, wenn ich mich verliebte und es doch in einer Enttäuschung endete.

Liebe Menschen standen immer zu mir. Aber noch existentieller wurde mir die Beziehung zu meinem himmlischen Vater. Ich konnte gar nicht anders, als mich immer wieder auf ihn zu verlassen und von ihm alles zu erwarten.

Er hat mich getröstet, mir Halt und Freude geschenkt. Bei allen unerfüllten Wünschen war es mir letztlich doch wichtiger, IHN zu haben, als unbedingt verheiratet zu sein.

Zwei Lebenswünsche

Zwei Lebenswünsche hatte ich: ein eigenes Haus und einen Ehemann! Gott hat mir das eine geschenkt: Ich heiratete, als ich 38 Jahre alt war. Das Haus (ich weiß nicht, warum es ausgerechnet ein Haus ist) werde ich wohl erst im Himmel bekommen. Und es ist gut so!

Ich bin sehr gerne mit meinem Mann verheiratet und genieße es. Es ist ein Geschenk für uns beide. Keine Ehe bleibt ohne Herausforderungen. Da war unsere Zeit in Afrika. Wir wollten Gott dienen, und doch verlief unser Dienst nicht so, wie wir es erwartet hatten. Sein Unfall, die Rückkehr nach Deutschland nach nur sieben Monaten. Aus der Traum, ein Neuanfang hier in Deutschland. Seine Krankheit, durch die er nicht mehr voll arbeiten konnte. Was hat Gott jetzt mit uns vor? Kann er mich überhaupt noch gebrauchen? Schritt für Schritt schenkte Gott mir ein anderes Betätigungsfeld, nicht mehr die Kinder wie früher, jetzt waren (und sind) es die Frauen: »Heike, kannst du uns in der Frauenstunde helfen?« Oder: »Wir suchen für die Freizeit eine neue Mitarbeiterin« … Und wie gerne arbeite ich nun in der Frauenarbeit.

Und was wäre ich ohne meinen Mann? Wenn er nicht hinter mir stehen und diese Dienste unterstützen würde, könnte ich es nicht machen.

Berufstätige Ehefrau

Das ist etwas, was ich nie sein wollte – denn ich bin gerne Hausfrau –, aber nun doch so erlebe. Es war unsere finanzielle Situation, die es nötig machte. Gott schien mich sogar noch weiter zu führen, denn er zeigte mir die Möglichkeit, noch eine Ausbildung in der Altenpflege zu starten. Und das mit fast 50 Jahren! Hätte ich früher so etwas bei Frauen als emanzipatorische Wichtigtuerei eher verurteilt, stehe ich nun selbst in dieser Herausforderung. Es gibt noch andere Gründe, als sich in einem Beruf verwirklichen zu müssen. Als ich meinem Mann von meinen Gedanken zum ersten Mal erzählte, sagte er nur: »Mach doch.« Ich könnte es nicht, wenn er das nicht mittragen würde.

Gott hat es ganz interessant geführt, dass ich diesen Ausbildungsplatz erhielt. Noch bin ich ganz am Anfang, die Probezeit ist noch nicht überstanden, während ich diese Zeilen schreibe. Es war und ist herausfordernd, ich habe viel zu lernen, auch für mich persönlich. Aber wieder ist der Anker, der mich festhält, mein himmlischer Vater und seine Zusagen, die ich so ganz persönlich in Anspruch nehmen darf (z.B. Jes 12,2). Auch in dieser Arbeit mit alten, pflegebedürftigen Menschen möchte ich Gott dienen und für ihn da sein.

Als Frau in der Brüdergemeinde

Auch das gehört zu meinem Leben. Meine Eltern gehörten dazu, ich bin als Kind dort aufgewachsen, habe in der Sonntagschule das Evangelium gehört und mich auch gleich dafür entschieden. Ich war ein frommes, braves Gemeindekind. Mit knapp 16 Jahren, in einer Evangelisation, begriff ich so richtig, dass auch ich ein echter Sünder war und meinen Willen, statt Gottes Willen tat. Es kam zu einem Neuanfang im Glauben. Es war ganz normal für mich, dass ich nun mitarbeiten sollte, was ich auch in der Jugend und später in der Teestube tat – mit ganzem Herzen und so gut ich es eben konnte. Das war eine schöne Zeit, denn wir hatten eine große Jugend, und es war viel los.

Im Mitarbeiterkreis waren wir ganz natürlich als Mitarbeiter und Mitarbeiterinnen zusammen. Ich empfinde es bis heute als gleichberechtigt, wenngleich es überhaupt keine Frage war, dass die »Männer« die treibenden Kräfte waren, die Verantwortung trugen, die Leitung hatten, Jugendleiter und Teestubenleiter waren und nicht wir Frauen.

Es war so, und es war normal für mich, dass die »Frau in der Gemeinde schweigt«. Die Brüder gestalteten das Gemeindeleben. Ich kenne es nicht anders, als dass die Männer predigen, die Stunden leiten, beten und wir als Frauen AMEN sagen. Und ich rebelliere auch nicht dagegen, weil ich diese Gemeinderegeln aus der Bibel ableiten kann.

In manchen Zeiten habe ich viel Geborgenheit und Halt durch meine Gemeinde erfahren. Besonders waren es die Gebete, damals für meine Mutter in ihrer Krankheit oder für meine unterschiedlichen Aufgaben im vollzeitlichen Dienst und nicht zuletzt finanzielle Unterstützung.

Ich mich unterordnen?!
Eigentlich dachte ich, dass das kein Problem für mich wäre. Aber hier und da gab es Punkte, wo ich es üben durfte. Eben weil man in vielen Bereichen (auch außerhalb der Gemeinde) verantwortlich und selbstständig agiert und lernt, Sachverhalte mit der Bibel zu beurteilen. Und wenn man erlebt, dass verantwortliche Brüder auch nur Menschen sind ...

Dann nehme ich es als Aufgabe von Gott her an, Unterordnung zu lernen, denn das ist wohl auch für uns Frauen wichtig.

Meine Fragen
Ja, auch die habe ich, was das Leben einer Frau in einer Brüdergemeinde betrifft. Es geht mir nicht darum, mich hervor tun zu wollen, absolut beten oder – noch schlimmer – predigen zu müssen (wirklich nicht!).

Es geht mir viel mehr um das geistliche Leben der Frau. Wie wird es innerhalb des von Gott gesteckten Rahmens in einer Brüdergemeinde gefördert? Wo hat die Frau die

Möglichkeit, sich über die Bibel auszutauschen, laut zu ihrem Herrn in einer Gemeinschaft (auch außerhalb der Familie) beten zu können?

Gerade als ich noch nicht verheiratet war, habe ich nach 1. Korinther 14,35 (*»Wenn sie aber etwas lernen wollen, so sollen sie daheim ihre eigenen Männer fragen; denn es ist schändlich für eine Frau, in der Gemeinde zu reden«*) gefragt: »Und wenn ich keinen Mann habe?« ... Ich bin dankbar, dass ich heute einen Mann habe, den ich fragen kann.

Früher durch Kinderstunden, heute durch Bibelarbeiten und Referate bin ich »gezwungen« mich mit der Bibel zu beschäftigen, Texte zu erarbeiten und das dann weiterzugeben. Das ist eine Tätigkeit mit größtem persönlichen Gewinn, den ich nicht missen möchte. Aber was ist mit den Frauen, die das nicht haben?

Für eine kurze Zeit ging ich zu einem Gemeindehauskreis und habe diesen aktiven Austausch über Gottes Wort mit anderen Geschwistern genossen.

Heute bringen sich Frauen in den Brüdergemeinden an vielen Stellen ein, in den unterschiedlichsten Bereichen. Da hat sich schon viel verändert, wenn ich an die Zeit während meiner Kindheit und Jugend zurückdenke. Paulus hat den Dienst der Frauen in seiner Evangelisationsarbeit sehr geschätzt, auch wenn Frauen keine Leitungsfunktion innehatten. Diese Wertschätzung (und Förderung?) des Dienstes der Frau in der Gemeinde wünschte ich mir heute noch mehr von den Brüdern. Wäre es nicht auch biblisch begründet, dass Männer ihre Vorrangstellung in der Gemeinde dazu nutzen würden, die Frauen in der Gemeinde mit ihren von Gott geschenkten Gaben mehr zu fördern und zu ermutigen?

So weit zu meinem Leben als Frau, und das in der Brüdergemeinde. Gott ist es, der mein Leben trägt und mich mit seiner Fülle beschenkt. Ja, ich bin, auch trotz Schwächen, dankbar, in der Brüdergemeinde meine geistliche Heimat zu haben.

Heike Prang, Jg. 1962, kommt aus Wienau (Westerwald). Von Beruf ist sie gelernte Bürokauffrau, mit 29 Jahren ging sie vollzeitlich in die missionarische Arbeit mit Kindern. Seit 2000 ist sie verheiratet mit Dieter und heute in der Frauenarbeit tätig. Sie hat kürzlich eine Ausbildung in der Altenpflege begonnen.

Das Schweigegebot der Frau

1. Korinther 11,3ff; 14,33ff; 1. Timotheus 2,8ff

Von Arno Hohage

A. Voraussetzungen

Niemand kann heute einen Bibeltext auslegen, ohne zu sagen, von welchen Voraussetzungen er ausgeht. Denn darin wird schon deutlich, welche Autorität und Verbindlichkeit er dem Wort Gottes beimisst. Wenn wir den normativen Charakter des NT sowie die Echtheit und Integrität des biblischen Buches im Kanon der Heiligen Schrift anerkennen, stellen wir uns unter das Wort und lassen es auch gelten, wenn es uns in unserer soziologischen Situation nicht passt. Wir gehen davon aus, dass Gott durch den Heiligen Geist zu uns in der Bibel spricht. Zu diesem Bekenntnis stehen wir, auch wenn die Aussage mit den anerkannten Verfahren eines logischen Beweises nicht zu untermauern ist.

Bei der Bibelauslegung berufen wir uns auf einen Text, wie ihn uns die Forscher nach Durchsicht einer langen Überlieferungsgeschichte vorlegen. Maßgebend dafür ist heute die 27. Auflage des Griechischen Neuen Testaments von Nestlé-Aland. Es ist selbstverständlich, dass die anerkannten Grundsätze der Exegese sowohl kontextuell als auch immanent beachtet werden, wobei zu berücksichtigen ist, dass uns in der Bibel nicht irgendein literarisches Werk vorliegt, sondern das Wort Gottes, das uns die Norm fürs Leben ist. Doch sind z.B. die Bücher des NT keine modernen Gesetzestexte mit definierten Begriffen, und die Einteilung in Kapitel entspricht auch nicht einer Systematisierung nach Paragraphen. Die Sprache entspricht vielmehr dem Denken und dem Leben der damaligen normalen Menschen.

B. Zielsetzung

Aus den Voraussetzungen ergibt sich die Zielsetzung. Es geht darum aufzuzeigen, was der Geist Gottes durch die Autoren – hier geht es vor allem um den Apostel Paulus – den Lesern sagen will. Es wird also nicht versucht, den Text zu verwässern oder ihn in Frage zu stellen. Es kann auch nicht der Zweck sein, durch sogenannte moderne Auslegungsmethoden den Sinn des Textes an unsere soziologische Wirklichkeit anzupassen oder ihn gar wegzudiskutieren, damit er uns nicht mehr stört. Ergebnisse wie: *Wir wissen nicht, was das heißt!* oder: *Unser moderner Standpunkt lässt die nahe liegende, wörtliche Bedeutung nicht zu!* oder: *Wir haben beschlossen, dass der Text für uns heute nicht gilt!* können nicht am Ende stehen.

C. 1. Korinther 14

1. Einordnung in den Zusammenhang

Der Apostel Paulus schreibt der Gemeinde in Korinth u.a., weil Anfragen an ihn gerichtet (1Kor 7,1) und ihm durch Chloe Informationen über die Verhältnisse dort zugetragen wurden. Zu tadeln waren Parteienstreit, Unmoral, Maßlosigkeit in der Lebensführung. Im Grunde also rügt Paulus ihre Disziplinlosigkeit und ihren Egoismus.

Das Kapitel 14 behandelt die Geistesgaben. Die Korinther verstanden sie so, als könne man sie nach Gutdünken einsetzen. Das Ziel der paulinischen Belehrung ist daher, dass Christen sich Gott als dem Gott des Friedens, der keine Unordnung möchte, unterstellen (1Kor 14,33.40). Das Schlüsselwort ist hier »Ordnung«. Sie bezieht sich vordergründig auf den Ablauf der Versammlungsstunden, aber vom Grundsatz her zunächst auf die Schöpfungsordnung, die besagt, dass Gott seine Geschöpfe in eine Rangordnung gestellt hat. Unter den Menschen gilt, dass der Mann das Haupt der Frau ist (1Kor 11,3-16). Dadurch bekommt der Mann keineswegs die Macht eines Tyrannen, sondern er selbst steht auch unter einer Autorität, nämlich unter der des Christus. Sofort tritt die Frage auf, ob diese Ordnung immer noch verbindlich besteht. Für denjenigen, dem Gottes Wort als Maßstab gilt, kann das nicht zweifelhaft sein. Die Schöpfungsordnung hat Bestand, solange es eine Erde, eben die Schöpfung gibt.

Sagt aber Paulus nicht ausdrücklich: *»Da ist nicht Jude noch Grieche, da ist nicht Sklave noch Freier, da ist nicht Mann und Frau; denn ihr alle seid einer in Christus Jesus«* (Gal 3,28)? Sind nicht dadurch alle Unterschiede zwischen Mann und Frau aufgehoben? Aber wie durch diesen Satz der biologische Unterschied der Geschlechter nicht beseitigt wird, so auch nicht die Schöpfungsordnung.

In der Exegese ist immer sorgfältig auf den gedanklichen Zusammenhang zu achten. Denn wenn man die unterschiedlichen Ansatzpunkte in einer Argumentation übersieht, erhält man schnell chaotische Widersprüchlichkeit im großen Lehrgebäude.

Galater 3 spricht von der Gotteskindschaft: *»Ihr alle seid Söhne Gottes durch den Glauben in Christus Jesus«* (Gal 3,26). Somit geht es hier um das Heil in Christus. Männer und Frauen sind in ihrer Stellung und in ihrer Würde als Kinder Gottes völlig gleich, denn sie gehören gleichberechtigt zu dem Leib Christi. Deswegen heißt es: *»Ihr alle seid einer in Christus Jesus«* (Gal 3,28).

2. 1. Korinther 14,33.34

»Wie es in allen Gemeinden der Heiligen ist, sollen die Frauen in den Gemeinden schweigen, denn es wird ihnen nicht erlaubt, zu reden, sondern sie sollen sich unterordnen, wie auch das Gesetz sagt.«

a. Die Reihenfolge der Verse
Wozu gehört der einleitende Satz? Er kann nicht zum Vorhergehenden gehören, denn es macht keinen Sinn zu sagen: In

allen Gemeinden ist es so, dass Gott nicht ein Gott der Unordnung, sondern des Friedens ist. Denn Gott ist ein Gott des Friedens unabhängig von einer Gemeindesituation. Wir verstehen jedoch sofort, wenn es heißt, dass in allen Gemeinden die Frauen in den Versammlungen schweigen. Wenn nun manchmal in westlichen Handschriften die Verse 34-35 nach Vers 40 folgen, dann wird die Aussage über die Gepflogenheiten in den anderen Gemeinden von der Aussage des Schweigens der Frauen getrennt. Allerdings erscheint dann die Verbindung von: »*Wie es in allen Gemeinden der Heiligen ist*« mit »*oder ist das Wort Gottes von euch ausgegangen?*« ohne Zusammenhang. Deswegen wird die ursprüngliche Reihenfolge der Verse 33-40 von den Fachleuten auch als fast sicher angesehen (B. Metzger, *A Textual Commentary on the Greek New Testament*, 2007, p. 499). Wir sind also berechtigt zu sagen, dass in allen Gemeinden der Christen zur Zeit des Paulus die Frauen schweigen, nur nicht in Korinth.

b. Schweigen und reden

Die Verbform von »schweigen« erscheint nicht, wie es auch möglich wäre, in der Form eines Wunsches (z.B. im Konjunktiv), sondern im Imperativ. Das ist eine strikte Anweisung, ein Befehl.

Die Bedeutung von »schweigen« hat viele seltsame Auslegungen gefunden, als stünde hier eine Aufforderung, in der Gemeinde nicht zu husten, nicht zu singen, nicht Amen zu sagen. Amen sagen und Singen standen in der ganzen Kirchengeschichte nie zur Debatte. Das Amen war selbstverständlich (1Kor 14,16), unabhängig von Mann und Frau. »Amen ist die natürliche Erwiderung, die im öffentlichen Gottesdienst zu erwarten ist« – das sagt J.B. Taylor, Bishop of St. Albans, 2009, als Grundsatz, der immer schon bestanden hat. Paulus ermuntert auch alle zum Singen (Eph 5,19; Kol 3,16), nicht nur in der Gemeinde. Das Problem tauchte erst auf, als man spitzfindig nachweisen wollte, dass die Forderung des Schweigens nie absolut war. Man folgerte daraus, dass, wenn schon Singen und Amen erlaubt seien, dann könne die Frau auch das Wort in der Gemeinde ergreifen. Aber gerade das durfte sie nicht. Die Bedeutung des Begriffes »schweigen« erschließt sich auch in der Situation, in der jemand in Sprachen reden wollte, aber keinen Ausleger fand. Dazu heißt es in 1Kor 14,28: *»Wenn aber kein Ausleger da ist, so schweige er in der Gemeinde.«* Da ist sie wieder, die Formulierung »Schweigen in der Gemeinde«. Der Redner sollte nicht weiter das (geistliche) Wort an die Zuhörer richten. Schweigen steht daher dem Reden gegenüber, nicht dem Singen. Jemand, der gerade redete, sollte aufhören, bevor ein anderer anfing (1Kor 14,30). »Schweigen« wurde manchmal neu definiert, um es unwirksam zu machen. Natürlich hat ein so häufiges Wort viele Nuancen, je nach seinem Zusammenhang. Aber Sonderbedeutungen oder freie Annahmen wie »nicht schwatzen« oder »sich ruhig verhalten« oder »für Ordnung sorgen«[1] werden nur vorgeschlagen, um die einfache, naheliegende Bedeutung zu vermeiden.

Die Bedeutung von »reden«, nämlich »ein geistliches Wort an die Zuhörer in der Gemeinde richten«, wird bestätigt in 1. Timotheus 2,12, wo es heißt: *»Ich erlaube aber einer Frau nicht zu lehren.«* Lehren – eine Art des Redens – setzt Autorität voraus, denn der Lehrer informiert und unterrichtet Schüler, die noch nicht die volle Einsicht und die nötigen Kenntnisse haben. Die lehrende Frau würde sich dadurch über den Mann erheben und einen Schritt hin zum Herrschen gehen.

In diesen Zusammenhang gehört auch das heute üblich gewordene Moderieren. Der Moderator übernimmt die organisatorische Leitung in einer Versammlung. Führungsaufgaben stehen einer Frau aber nicht zu, sondern den Ältesten (1Tim 5,17).

Wenn auch der Vorwurf, Autorität auszuüben, beim Beten in der Gemeinde nicht erhoben werden kann, gilt dennoch das

---

[1] Anthony C. Thiselton, The First Epistle to the Corinthians (New International Greek Testament Commentary), Eerdmans Publishing Company, 2005

Schweigegebot. Zum einen handelt es sich ebenfalls um geistliches Reden, zum anderen wird gerade den Männern und nicht den Frauen das Beten aufgetragen: »*Ich will nun, dass die Männer an jedem Ort beten, indem sie heilige Hände aufheben*« (1Tim 2,8). Dass es sich um das Gebet in der Gemeinde handelt, wird durch die Formulierung »*an jedem Ort*« klar, also an jedem Ort, wo Gemeinden sind. Es wäre naiv zu glauben, dass betont werden müsse, dass es für Gebete keine lokalen Einschränkungen gibt. Also das ist auch die Aufgabe der Männer in der Gemeinde: Beten! Die Frauen hingegen bekommen einen anderen Auftrag, der aber genauso wichtig (vgl. ebenso) ist, nämlich auf ihr Auftreten und ihre Werke zu achten (1Tim 2,9f). Im Gegensatz zum Mann soll sich die Frau in der Stille halten (V. 12).

c. Warum schweigen?
Zunächst gilt also die Schöpfungsordnung: (Es) sollen die Frauen in den Gemeinden schweigen (1Kor 14,34). Das gilt nicht nur den Ehefrauen, sondern allen Frauen. Denn es heißt nicht »eure Frauen«. Das Possessivadjektiv »eure«, das in einigen Handschriften erscheint, kann nicht als ursprünglich gelten, sondern als ein Zusatz, dem der *Textus Receptus* gefolgt ist (cf. Metzger, p. 500). Die Schöpfungsordnung, die hier vorausgesetzt wird, geht über die Familie hinaus und weist grundsätzlich auf die Unterschiede zwischen Mann und Frau hin.

Daneben gibt es noch zwei weitere Gründe für das Schweigegebot der Frau. Sie sind mit Nachdruck formuliert:

1. »*Es ist ihr nicht erlaubt zu reden*« (1Kor 14,34). Das Passiv nennt den Urheber nicht, aber keine höhere Autorität, vor allem nicht der Herr, hat ihr die Befugnis zum Reden gegeben. Eine ausdrückliche Erlaubnis wäre nötig!
2. Es ist »*schändlich für eine Frau, in der Gemeinde zu reden*«. Das ist ein sehr scharfes Wort. Es bezeichnet die Unehre, die Schande, das Verwerfliche (lat. *vitium* im

Gegensatz zu *virtus*). Das Reden der Frau ruft Widerwillen hervor. Dieses Urteil erscheint vielen zu hart und unangemessen, so dass sie es einfach ignorieren. Aber dürfen wir Gottes Wort ignorieren?

Im Übrigen betrifft die Anweisung alle Frauen in der Gemeinde, nicht nur die Ehefrauen.

d. In der Gemeinde schweigen
Es gibt im NT keine juristisch fassbare Definition von Gemeinde. Die Ecclesia wird allein beschrieben in ihrer Wirkungsweise und wie die ersten Christen in ihr gelebt haben. Sie versammelten sich zum Mahl des Herrn, zur Belehrung durch die Apostel und zu den Gebeten (Apg 2,42). Dadurch pflegten sie auch die Gemeinschaft untereinander. Zu diesen Anlässen kam die ganze Gemeinde zusammen (V. 23.26). Die moderne Segmentierung der Gemeinde in unterschiedliche Gruppen war damals unbekannt. Heute wird sie manchmal aufgeteilt, um das Schweigegebot der Frauen zu umgehen. »In der Gemeinde zusammenkommen« bezeichnet heute vordergründig den Raum, in dem man sich trifft, aber eigentlich geht es um den Zweck der Versammlung. Deshalb heißt es in 1. Korinther 11,18: »*Wenn ihr in der* (oder als) *Gemeinde zusammenkommt ...*« Die Präposition »in« bedeutet hier die Basis, den Grund der Handlung. Im NT bezeichnet »Gemeinde« nie den Versammlungsort. Sich gruppenweise in einem Raum oder Gebäude zu verteilen, um auszudrücken, dass man jetzt nicht mehr Gemeinde sein will, erscheint willkürlich. Das Normale ist, dass die ganze Gemeinde zusammenkommt (1Kor 14,23). Es geht um die Gesamtheit, um die Einheit, um die Zusammengehörigkeit – als Bild des geistlichen Leibes Christi (1Kor 12,13).

e. Das Reden der Frau
Zwar soll die Frau in der Gemeinde schweigen, aber das gilt nicht in anderen Bereichen. Innerhalb ihrer Zuständigkeit,

z.B. im Haus, in der Familie, bei Bekannten und Freunden – also im Privaten –, hat sie auch geistliche Aufgaben. Dort wird sie je nach der Situation beten und lehren, was manchmal auch weissagen genannt wird – in 2. Petrus 2,1 entsprechen die AT- Propheten den NT-Lehrern. Die Frauen sollen Lehrerinnen des Guten sein (Tit 2,3) und andere Frauen unterweisen (Tit 2,4).

Wenn man das Kapitel 11 des 1. Korintherbriefes als Widerspruch zu Kapitel 14 bezeichnet, wirft man dem Apostel Paulus inkonsequentes Denken vor. Es erscheint absurd, einem gelehrten Rabbi zu unterstellen, sich innerhalb weniger Seiten glatt zu widersprechen, völlig unabhängig davon, dass wir davon ausgehen, dass wir es mit Gottes Wort zu tun haben. Die Autorität des Schreibers, der vom Herrn beauftragt ist (14,37), gilt für beide Kapitel gleichermaßen. Also ergeben sie auch beide einen widerspruchsfreien Sinn. Eigentlich haben die älteren Kommentare (z.B. Zahn, Hodge) schon die Lösung aufgezeigt, nämlich dass in Kapitel 11 die Frau im Privaten und in Kapitel 14 die Frau in der Gemeinde angesprochen wird. Aus Gründen der Opportunität hat man diese Sicht heute aufgegeben, und man steht nun vor einem Dilemma, das man exegetisch aufzulösen hat. Das Ergebnis ist jedoch häufig unsachgemäß. Obwohl Paulus erst in 1. Korinther 11,17 auf das Zusammenkommen in der Gemeinde zu sprechen kommt, wird manchmal so getan, als gehöre auch der 1. Teil des Kapitels dazu. Wenn schon in V. 16 das Wort »Gemeinde« erscheint, dann nur, um darauf hinzuweisen, dass »jemand«, der zur Gemeinde gehört, kein Streithahn sein und sich daher den Gepflogenheiten in der Gemeinde fügen soll.

f. Sich unterordnen

Das ist heute ein soziologisch schwieriges Wort. Denn wir gehen von allgemeiner Gleichberechtigung aus. Da das Wort Gottes normativen Charakter hat, gilt auch das »im Augenblick Unpassende« für uns. Paulus begründet seine Anweisungen, indem er auf das Gesetz im Allgemeinen hinweist, ohne einen besonderenVers anzugeben. Aus dem Schöpfungsbericht und dem Sündenfall schließt der Apostel auf die Ordnung, die er in 1. Korinther 11,8f aufzeigt und die er in 1. Timotheus 2,12 weiter erklärt: *»Ich erlaube aber einer Frau nicht zu lehren, auch nicht über den Mann zu herrschen, sondern ich will, dass sie sich in der Stille hält.«* Neben der Bestätigung des Schweigegebots gibt es hier für die Frau die Anweisung, nicht über den Mann zu herrschen. Das anstößige Wort über die Unterordnung (1Tim 2,11) lässt sich am ehesten so erläutern, wie Paulus es bei den Haustafeln einsetzt. In Epheser 5,21-25, wo die Abhängigkeitsverhältnisse in der Familie angesprochen werden, wird deutlich, dass sich niemand, auch nicht der Vater, als Despot aufführen kann. Vielmehr sind alle in der Familie in die große Ordnung unter dem Haupt, Christus, eingegliedert. Dem Mann wird noch besonders die Fürsorge für seine Frau und seine Kinder aufgetragen. Niemand kann sich aus der Hierarchie Christi ausklinken, ohne isoliert und ohne Schutz dazustehen.

g. Das Gebot des Herrn

In 1. Korinther 14,36ff geht es nicht mehr um das spezielle Schweigegebot, sondern um die grundsätzliche Begründung der Anweisungen. Die Korinther dürfen nicht einfach ihre eigenen Maßstäbe setzen, als wären sie autonom. Sie sind auch nicht befugt, Normen in anderen Gemeinden vorzugeben. Denn sie können sich nicht anmaßen, allein die rechte Erkenntnis zu haben. Ihnen wird vielmehr dringend nahegelegt, sich Gottes Autorität zu beugen. Denn es gilt allein das Gebot des Herrn.

Die Möglichkeit, diese rechte Einsicht zu gewinnen, hat Gott ihnen durch den Heiligen Geist gegeben. Denn dieser erläutert die göttlichen Gedanken. Die Korinther waren stolz auf ihre Geistesgaben. Sie hätten daher die Verbindlichkeit der apostolischen Anweisungen als Gebot des Herrn klar erkennen können. Es geht also nicht um eine verhandelbare Belanglosigkeit, sondern letzten Endes um die Autorität Christi selbst.

In manchen Gemeinden setzt man sich heute über das Schweigegebot bewusst hinweg.

D. Schlussfolgerungen

Die Anweisungen über das Reden und Schweigen der Frauen gelten in allen Zusammenkünften der Gemeinden, die sich nach Apostelgeschichte 2,42 versammeln. Es ist ein Gebot des Herrn und kann deswegen nicht ignoriert werden. Wir haben kein Recht, es abzuschaffen oder es mit der Begründung der Kulturbedingtheit außer Kraft zu setzen. In der Gemeinde soll auch die Schöpfungsordnung deutlich werden, in der Mann und Frau unterschiedliche Stellungen einnehmen.

Das bedeutet nicht, dass die Frau einen geringeren Wert hätte, weil sie in den Versammlungen nicht reden soll. Zwar steht sie so nicht im Rampenlicht, aber es ist nicht zu unterschätzen, welchen Einfluss sie z.B. auf die Atmosphäre in einer Versammlung hat, in der sie durch Freundlichkeit, Liebe und Ernsthaftigkeit, aber auch durch ihr Äußeres für die Attraktivität der Gemeinde Maßstäbe setzt.

Darüber hinaus ergeben sich für die Frau weite Betätigungsfelder privat und im Beruf.

Alle gemeinsam, Männer und Frauen, haben als Gotteskinder das Ziel, zum Preise der Herrlichkeit des Herrn zu leben (Eph 1,6).

Arno Hohage, Jg. 1939, geb. in Altena, Westf., Studiendirektor i.R. am Gymnasium, ist verheiratet und hat zwei Kinder. Er gehört zu einer Brüdergemeinde im Sauerland.

Zur sogenannten Spannung zwischen 1. Korinther 11,5 und 14,34.35

Von Ulrich Pletsch

Es folgt ein Nachweis, dass das traditionelle Verständnis des Schweigens der Frau ohne Hilfskonstruktionen auskommt, also allein aus den Aussagen der Schrift resultiert.

Weiterhin wird nachgewiesen, dass hingegen das progressive Verständnis des Schweigens der Frau auf eine Reihe von Hilfskonstruktionen angewiesen ist, die sich nicht aus den Bibeltexten ergeben, sondern von außen an die jeweiligen Texte herangetragen werden. Das wiederum bedeutet, dass das progressive Verständnis des Schweigens der Frau nicht biblisch ist.

A. Textvergleich

1. Korinther 11,5: *»Jede Frau aber, die mit unverhülltem Haupt betet oder weissagt, entehrt ihr Haupt; denn sie ist ein und dasselbe wie die Geschorene.«*

Was sagt Paulus hier?
1. Paulus setzt hier offensichtlich voraus, dass Frauen beten oder weissagen.
2. Er greift diese Tatsache auf, um Lehraussagen zum Verhalten der Frau beim Beten oder Weissagen zu machen.
3. Die Lehraussagen in diesem Textabschnitt betreffen die Kopfbedeckung der Frau beim Beten oder Weissagen als Zeichen der Unterordnung unter ihr Haupt.

Was sagt Paulus hier nicht?[1]
1. Paulus macht hier keine Aussage zu der Frage, ob eine Frau in der Gemeinde beten oder weissagen soll oder nicht. (Kein Imperativ! – im Gegensatz zu 1Kor 14)
2. Paulus erwähnt hier mit keinem Wort, ob es sich um Anweisungen für den Gottesdienst handelt oder nicht.
3. Paulus spricht hier weder ein Gebot noch ein Verbot hinsichtlich des Betens oder Weissagens der Frau (in der Gemeinde) aus.

1. Korinther 14,34.35: »*Wie es in allen Gemeinden der Heiligen ist, sollen eure Frauen in den Gemeinden schweigen, denn es wird ihnen nicht erlaubt, zu reden, sondern sie sollen sich unterordnen, wie auch das Gesetz sagt. Wenn sie aber etwas lernen wollen, so sollen sie daheim ihre eigenen Männer fragen; denn es ist schändlich für eine Frau, in der Gemeinde zu reden.*«

Was sagt Paulus hier?
1. Das, was Paulus hier ausführt, betrifft einen Grundsatz, der nicht etwa nur in Korinth, sondern in allen Gemeinden gilt.
2. Paulus formuliert ein Gebot: Eure Frauen sollen in den Gemeinden schweigen!
3. Paulus formuliert ein Verbot: Es wird ihnen nicht erlaubt zu reden!
4. Paulus formuliert ein weiteres Gebot: Sie sollen sich unterordnen, wie auch das Gesetz sagt!
5. Paulus formuliert ein drittes Gebot: Wenn sie etwas lernen wollen, so sollen sie daheim ihre eigenen Männer fragen!
6. Paulus führt eine Begründung an: Es ist schändlich für eine Frau, in der Gemeinde zu reden.

---

[1] Das, was Paulus hier nicht sagt, ist für sich genommen zunächst von untergeordneter Bedeutung für die Beantwortung der Frage, ob eine Frau in der Gemeinde betet und weissagt oder nicht, gewinnt aber im Vergleich der beiden Bibelstellen ganz enorm an Bedeutung, da Paulus in 1Kor 14 ausdrücklich Stellung nimmt zu dem, was er hier nicht sagt.

Was lässt sich diesen Aussagen des Paulus entnehmen?
1. Er sieht offensichtlich einen Gegensatz zwischen Reden und Unterordnung; d.h., er sieht durch das Reden der Frau in der Gemeinde das Gebot der Unterordnung verletzt.
2. Offensichtlich ist es einer Frau nicht erlaubt, in der Gemeinde Fragen zu stellen oder zu reden.
3. Paulus macht hier eindeutig mehrere Aussagen zu der Frage, ob eine Frau in der Gemeinde reden oder schweigen soll.
4. Paulus lässt hier keinen Zweifel daran, dass sich seine Aussagen auf die Gottesdienste in der Gemeinde beziehen.
5. Paulus formuliert hier drei Gebote und ein Verbot hinsichtlich des Schweigens bzw. des Redens der Frau in der Gemeinde.
6. Allein die formalen Aspekte (Gebot, Verbot, Wortwahl) machen deutlich, dass Paulus hier eine klare Lehraussage formuliert. Besonders aber die inhaltlichen Aussagen unterstreichen, dass es sich hier eindeutig um Lehraussagen handelt, die die Frage betreffen, ob eine Frau in der Gemeinde reden darf oder ob sie schweigen soll.

Beobachtungen, Schlussfolgerungen und weitere Fragestellungen

Beobachtungen
1. Lehraussagen zu der Frage ob eine Frau in der Gemeinde reden darf oder schweigen soll finden wir ausschließlich in 1Kor 14, nicht aber in 1Kor 11.
2. Paulus erwähnt in 1Kor 11, dass Frauen beten oder weissagen. Ob sie das in der Gemeinde tun oder nicht, erwähnt er in 1Kor 11 nicht. (Genau das ist Ursache und Kern der Spannung zwischen den beiden Texten!)
3. In 1Kor 14 verbietet Paulus das Reden und gebietet das Schweigen der Frau in der Gemeinde. In 1Kor 11 findet sich keine Aussage, die diese Verbote bzw. das Gebot abschwächen oder gar entkräften.

Schlussfolgerungen
1. Paulus geht es in 1Kor 11 überhaupt nicht um die Frage, ob Frauen in der Gemeinde beten oder nicht. Es geht ihm um die Frage, was die Frauen beim Beten oder Weissagen beachten sollen. Ob das nun in der Gemeinde geschieht oder nicht, ist hier nicht sein Thema.
2. Lehraussagen zu unserer Fragestellung im Hinblick auf die Beteiligung der Frauen in unseren Gemeindestunden finden sich ausschließlich in 1Kor 14.
3. Betreffs unserer Fragestellung bezüglich der Beteiligung der Frauen in unseren Gemeindestunden ist 1Kor 14 eindeutig die klarere Bibelstelle. Deshalb ist 1Kor 11 von 1Kor 14 her zu erklären und nicht umgekehrt!
4. Die Forderung, dass jede Favorisierung von 1Kor 14 erklären muss, wie sie sich zu 1Kor 11 verhält, ist berechtigt, spielt aber zu diesem Zeitpunkt überhaupt keine Rolle. Um die Bibelstellen im Hinblick auf ihre Aussagen zur o.g. Fragestellung zu gewichten, muss man nicht erklären, wie 1Kor 11 von 1Kor 14 her zu verstehen sein könnte. Hier ist zunächst festzustellen, dass 1Kor 14 eindeutig die klareren und gewichtigeren Aussagen zu unserer Fragestellung macht. Welche Schlussfolgerungen sich daraus für die Praxis ergeben und auf welche Hilfskonstruktionen gegebenenfalls zurückgegriffen werden muss, ist an dieser Stelle nicht relevant. An dieser Stelle entscheidet sich, ob man die Aussagen der beiden Bibelstellen auf der Basis eines Textvergleiches oder auf der Basis eines Vorverständnisses gewichtet und bewertet. Deutlicher formuliert: Wird an dieser Stelle der Nachweis gefordert, dass sich das Beten oder Weissagen in 1Kor 11 nicht auf eine Gemeindesituation sondern auf Kleingruppen, Hauskreise oder die Familie bezieht, argumentiert man mit Hilfskonstruktionen und nicht mit den Aussagen der beiden Texte! Um es noch einmal zu wiederholen: Hier geht es um einen Vergleich und eine Gewichtung der Bibelstellen im Hinblick auf die o.g.

Fragestellung nach dem Grundsatz, dass Schriftwort mit Schriftwort zu erklären ist.
5. Die Spannungen zwischen den beiden Bibeltexten sind deutlich geringer als die Spannungen zwischen den einzelnen Hilfskonstruktionen und Annahmen bzw. die Spannungen, die durch die jeweils unterschiedlichen Folgen für die Gemeindepraxis verursacht werden.

Weitere Fragestellungen
1. Wie ist das Schweigegebot bzw. das Redeverbot in 1Kor 14,34.35 im Kontext des gesamten Kapitels zu verstehen? Hier ist vorab festzuhalten, dass der Ansatz des »bedingten Schweigens« aus dem Versuch resultiert, 1Kor 14 von 1Kor 11 her zu erklären. Da jedoch 1Kor 14 die klareren und gewichtigeren Aussagen zur Fragestellung macht, ist dieser Ansatz das Produkt eines Vorverständnisses bzw. eine Hilfskonstruktion, die über die eigentlichen Textaussagen gestellt wird.
2. Umfasst das Schweigegebot bzw. das Redeverbot in 1Kor 14 das Beten oder Weissagen in 1Kor 11?
   Wenn 1Kor 14 die gewichtigere Stelle ist – und das ist sie eindeutig (!) – dann müssen Schweigegebot bzw. Redeverbot das Beten oder Weissagen in 1Kor 11 einschließen, wenn es um das Zusammenkommen als Gemeinde geht. Die Fragestellung ist hier nicht, ob das Schweigegebot bzw. das Redeverbot in 1Kor 14 im Licht von 1Kor 11 eingeschränkt zu verstehen ist! 1Kor 14 wird nicht im Licht von 1Kor 11 ausgelegt, sondern umgekehrt: 1Kor 11 ist im Licht von 1Kor 14 auszulegen.

B. Auslegung

1. Korinther 14,34.35: *»Wie es in allen Gemeinden der Heiligen ist, sollen eure Frauen in den Gemeinden schweigen, denn es wird ihnen nicht erlaubt, zu reden, sondern sie sollen sich unterordnen, wie auch das Gesetz sagt.*

Wenn sie aber etwas lernen wollen, so sollen sie daheim ihre eigenen Männer fragen; denn es ist schändlich für eine Frau, in der Gemeinde zu reden.«

1. Zunächst ist festzustellen, dass der Begriff »reden« im gesamten Kapitel verwendet wird, um eine öffentliche verbale Äußerung einer einzelnen Person vor den übrigen in der Gemeinde Anwesenden zu bezeichnen. Der Begriff wird hier also in seinem normalen Wortsinn verwendet.

   Dabei umfasst der Begriff »reden« die unterschiedlichsten Formen verbaler Äußerungen:
   • reden in Sprachen (V. 2.4.5 u.w.)
   • reden im Sinne einer Auslegung der Sprachenrede (V. 5)
   • reden im Sinne von weissagen, also reden zur Erbauung, Ermahnung und Tröstung (V. 3)
   • reden in Offenbarung, in Erkenntnis, in Weissagung oder in Lehre (V. 6)

2. Der Begriff »schweigen« wird in diesem Kapitel insgesamt drei Mal verwendet, und zwar immer in dem Sinne von »nicht reden«. Schweigen ist hier, wie eigentlich normal, als Gegensatz zum Reden gebraucht. Die drei Verwendungen dieses Wortes sind:
   • *»Wenn nun jemand in einer Sprache redet, so sei es zu zweien oder höchstens zu dritt und nacheinander, und einer lege aus. Wenn aber kein Ausleger da ist, so schweige er in der Gemeinde, rede aber für sich und für Gott«* (V. 27.28).
   • *»Propheten aber lasst zwei oder drei reden, und die anderen lasst urteilen. Wenn aber einem anderen, der dasitzt, eine Offenbarung zuteil wird, so schweige der erste«* (V. 29.30).
   • *»Wie es in allen Gemeinden der Heiligen ist, sollen eure Frauen in den Gemeinden schweigen, denn es wird ihnen nicht erlaubt, zu reden«* (V. 34).

3. In den Versen 28 und 30 ist das Schweigen zweifelsohne nicht absolut gemeint:

- Derjenige, der in Sprachen redet, hat zu schweigen, wenn kein Ausleger da ist.
- Der Prophet hat zu schweigen, wenn ein anderer eine Offenbarung hat.

Beide sollen nicht grundsätzlich schweigen, sondern in einer konkreten, durch den jeweiligen Nebensatz beschriebenen Situation.

Eine solche Situation wird in den Versen 34 und 35 eben nicht genannt. Die Frauen sollen nicht schweigen, solange bestimmte Umstände andauern, sondern an einem bestimmten Ort, nämlich *»in den Gemeinden«* (V. 34) bzw. *»in der Gemeinde«* (V. 35). Sie haben nicht mit einer bestimmten Art des Redens aufzuhören, sondern sie haben ganz und gar nicht zu reden. Dies zumindest ist der erste, buchstäbliche Sinn (Literalsinn) dieser Verse.

Die Verse 34 und 35 enthalten also keine bedingte Aussage. Mit welchem Recht hängt man an eine unbedingte Aussage eine Bedingung? Wenn überhaupt ist die Bedingung die Ortsangabe, nämlich *»in der Gemeinde«*.

4. Nun wird behauptet, Paulus schreibe zwar, dass die Frau in der Gemeinde schweigen und nicht reden solle, meine dies aber nicht so, wie es da stehe, sondern im Sinne einer Beurteilung prophetischer Rede oder einer Art Leitung im Lehrgespräch durch gezielte Fragestellungen. Man behauptet also, auch bei dem Schweigen der Frau handele es sich nicht um ein absolutes, sondern um ein bedingtes Schweigen. Das wiederum bedeute, die Frau dürfe durchaus in der Gemeinde reden, wenn sie sich aus der Beurteilung prophetischer Rede heraushalte.

Wenn man nun schon den Versuch unternimmt, den ersten Wortsinn mehr oder weniger in sein Gegenteil zu verkehren, dann müsste zu erwarten sein, dass die deutliche dreifache Aussage in den Versen 34 und 35 durch mindestens ebenso deutliche Aussagen im Kontext bzw. durch eine eindeutige Verbindung der Verse 34 und 35 mit Vers 29 relativiert werden kann. Dies ist jedoch nicht der Fall.

Die Mutmaßung, Paulus beziehe sich in den Versen 34 und 35 auf den Vers 29 (Beurteilung prophetischer Rede), ist alles andere als ein textimmanenter Hinweis auf ein möglicherweise anderes Verständnis des Redeverbots bzw. des Schweigegebots. Diese Mutmaßung ist eben nichts als eine Mutmaßung und resultiert aus dem Versuch, den Aussagen in den Versen 34 und 35 ihre Schärfe zu nehmen, indem man ihnen einen anderen als den normalen Wortsinn gibt, um sie so unter allen Umständen mit Kapitel 11,5 zu harmonisieren.

Da die Behauptung, die Verse 34 und 35 bezögen sich zurück auf Vers 29, dazu verwendet wird, dem Reden bzw. Schweigen seinen ersten Sinn zu nehmen, müssten unzweideutige Hinweise im Text selbst vorhanden sein, um diese Behauptung zu untermauern. Eine Behauptung wird erst dann zu einem stichhaltigen Argument, wenn sie entsprechend belegt werden kann. Ansonsten wird eine Hilfskonstruktion verwendet, um der Aussage eines Bibelverses einen anderen Sinn zu geben.

5. Wenn sich denn die Verse 34 und 35 tatsächlich auf den Vers 29 beziehen sollten, fehlt eine Erklärung für den Einschub der Verse 30-33. Warum folgen die Verse 34 und 35 nicht direkt auf 29, wenn es doch um denselben Sachverhalt geht? Warum stellt Paulus, wenn er schon die Verse 30-33 einschiebt, keinen Bezug zwischen 34-35 und 29 her? Warum geht er das Risiko ein, seine Ausführungen in einer undeutlichen bzw. missverständlichen Weise zu machen?

6. Die Behauptung, dass Paulus den Frauen lediglich verbiete, sich an der öffentlichen Beurteilung der prophetischen Rede zu beteiligen, ist auch aus folgenden Gründen nicht haltbar:

Erstens ist aus dem Text nicht erkennbar, wie das Beurteilen in Vers 29 auszusehen hat. Man kann nicht einfach davon ausgehen, dass dieses Beurteilen die Bedeutung von »öffentlich besprechen« oder »diskutieren über« hat.

Genauso könnte man annehmen, dass es um eine Haltung des kritischen Zuhörens geht, in dem Sinne, dass nicht alles ungeprüft angenommen werden soll.

Zweitens ist in Vers 29 nicht eindeutig gesagt, wer die Personen sind, die die prophetische Rede beurteilen sollen. Wer sind »die anderen«? Hier kann man nicht ohne Weiteres unterstellen, dass die ganze anwesende Gemeinde gemeint ist. Es können auch die anderen Propheten gemeint sein – damit wären dann nicht nur Frauen, sondern auch der größte Teil der anwesenden Männer von der Beurteilung prophetischer Rede ausgeschlossen, und eine besondere Anweisung für die Frauen, bei der Beurteilung prophetischer Rede zu schweigen, wäre nicht erforderlich und die Verse 34-35 also überflüssig.

Wer also behauptet, das Schweigen der Frau beziehe sich auf das Beurteilen prophetischer Rede, müsste deutlich machen, dass es sich bei »den anderen«, die die prophetische Rede beurteilen sollen, um die gesamte anwesende Gemeinde handelt und dass dieses Beurteilen im Sinne eines »öffentlichen Besprechens oder Kommentierens« zu verstehen ist.

7. Bei dem Ausdruck *»wenn sie etwas lernen wollen«* in Vers 35 handelt es sich allenfalls um eine Frage in Bezug auf einen Zusammenhang der ihnen nicht klar ist. Der Ausdruck *»etwas lernen wollen«* weist auf informatives aber nicht auf (die prophetische Rede) unterbrechendes oder beurteilendes Fragen hin. Der Vers sagt vielmehr aus, dass selbst eine Frage aus dem Motiv, etwas lernen zu wollen, den Frauen nicht erlaubt ist. Dieser Vers geht von einem sehr viel bescheideneren Motiv aus, als sich öffentlich in der Gemeinde zu beteiligen – nämlich dem Wunsch, etwas zu lernen. Selbst diese Art des Redens wird der Frau hier untersagt und in den Bereich des Privaten verwiesen.

8. Der Einwand, ein absolutes Schweigegebot für die Frau müsse bedeuten, dass die Frau weder mitsingen noch »Amen« sagen dürfte, ist eigentlich kein Einwand. Erstens

geht es im gesamten Kapitel nicht um das, was Männer und Frauen in der Gemeinde gemeinsam tun bzw. gemeinsam äußern, sondern um die Aktivität bzw. die Äußerung einer einzelnen Person vor der gesamten Gemeinde. Zweitens steht das Schweigen im Gegensatz zum Reden. Wenn im ganzen Kapitel vom Reden unterschiedlichster Art gesprochen wird, ist kaum anzunehmen, dass das Schweigen in diesem Zusammenhang etwas anderes bedeutet als das Gegenteil von Reden. Beim Mitsingen oder beim »Amen« kann es sich kaum um ein Reden im Sinne des Kontextes handeln.

9. Das Redeverbot bzw. das Schweigegebot umfasst eindeutig das Beten bzw. das Weissagen einer Frau in der Gemeindestunde. Sowohl beim Beten als auch beim Weissagen handelt es sich um Reden im Sinne einer verbalen Äußerung einer einzelnen Person vor der ganzen Gemeinde. Dieses Reden jedoch wird der Frau im Kontext der Gemeindestunde in 1Kor 14 untersagt.

C. Abschließende Zusammenfassung

1. Geht man – um den Einfluss der unterschiedlichen Vorverständnisse möglichst auszuschließen – von einem Vergleich der Aussagen der beiden Bibelstellen aus, kommt man unweigerlich zu dem Ergebnis, dass 1Kor 14,34.35 die Textstelle ist, die explizit Lehraussagen zum Thema Reden bzw. Schweigen der Frau in der Gemeinde macht.
2. Auf Grund des Textvergleiches ist klar, dass 1Kor 11 im Licht von 1Kor 14 ausgelegt werden muss. Das heißt, die Klärung der Fragestellung bezüglich des Dienstes der Frau in der Gemeinde beginnt mit einer Auslegung von 1Kor 14.
3. Die Auslegung von 1Kor 14 ergibt die eindeutige Anordnung, dass die Frau in der Gemeinde schweigen und nicht reden soll. Schweigegebot und Redeverbot umfassen sämtliche verbalen Äußerungen eines Einzelnen vor der gesamten Gemeinde.

4. Wer behauptet, dass das Schweigegebot und Redeverbot nicht absolut zu verstehen sind muss mit Hilfe der Bibeltexte und ohne Rückgriff auf Hilfskonstruktionen deutlich machen,
   - dass 1Kor 11 ebenso klar und deutlich wie 1Kor 14 den Kontext der Gemeindestunde anspricht,
   - dass 1Kor 11 ebenso wie 1Kor 14 Lehraussagen zu der Frage macht, ob die Frau in der Gemeinde schweigen soll oder reden darf,
   - dass und wie 1Kor 11 die außerordentlich deutlichen Anweisungen in 1Kor 14 relativiert,
   - dass eine eindeutige Beziehung zwischen 1Kor 14,34.35 und 1Kor 14,29 besteht, dass sich also Schweigegebot und Redeverbot auf die Beurteilung prophetischer Rede beziehen,
   - dass es sich beim Schweigen der Frau ebenso um ein »bedingtes Schweigen« handelt wie in den Versen 28 und 30,
   - dass das Beurteilen prophetischer Rede im Sinne eines öffentlichen Besprechens oder Kommentierens zu verstehen ist und dass die gesamte anwesende Gemeinde an der Beurteilung prophetischer Rede beteiligt ist,
   - dass sich die Fragen der Frauen, die etwas lernen wollen, ebenfalls auf die Beurteilung prophetischer Rede beziehen und wie eine reine Verständnisfrage als Beurteilung prophetischer Rede anzusehen ist.
5. Die Aussage in 1Kor 11,5 wird in ihrem Sinn weder relativiert noch verändert, wenn sie im Licht von 1Kor 14 ausgelegt wird. Dass Frauen beten und weissagen, ist überhaupt keine Frage. Wenn sich nun durch die Auslegung von 1Kor 14 ergibt, dass die Frau in der Gemeindestunde nicht betet oder weissagt, widerspricht das der Aussage in 1Kor 11 in keiner Weise. Die Aussage in 1Kor 11 bleibt unverändert bestehen.
6. Wenn jedoch 1Kor 14 im Licht von 1Kor 11 ausgelegt wird, müssen die Aussagen in 1Kor 14,34.35 in ihrem Sinn

relativiert, wenn nicht gar verändert werden. Dies wäre, wenn überhaupt, nur dann zulässig, wenn die unter Punkt 4 genannten Nachweise geführt werden könnten. Dies ist jedoch auf der Basis der Textaussagen nicht möglich, sondern allenfalls durch den Rückgriff auf eine Reihe von Hilfskonstruktionen.

7. Es wird immer wieder behauptet, dass bei einer Auslegung von 1Kor 11 im Licht von 1Kor 14 der Nachweis geführt werden müsse, dass hier nicht das »Zusammenkommen als Gemeinde« also die Gemeindestunden angesprochen sind. Das ist so nicht ganz richtig. Da 1Kor 14 die klarere Bibelstelle im Hinblick auf das Schweigen bzw. Reden der Frau in der Gemeinde ist und der Sinn der Aussage in Kapitel 11,5 unverändert bleibt, reichen hier bereits Indizien bzw. Hinweise im größeren Kontext von 1Kor 11,5 aus. Im Gegenteil: Es müsste andersherum nachgewiesen werden, dass 1Kor 11,5 den Kontext der Gemeindestunde anspricht. Vertreter des progressiven Verständnisses des Schweigens der Frau unterstellen, dass 1Kor 11,5 den Kontext der Gemeindestunde anspricht, obwohl der Text selbst dazu – im Gegensatz zu 1Kor 14 – keine Hinweise enthält!

8. Es wird ebenfalls immer wieder behauptet, dass die Unterscheidung zwischen dem »Zusammenkommen als Gemeinde« und anderen Zusammenkommen wie etwa in Hauskreisen oder Kleingruppen konstruiert sei – weil für die Christen des ersten Jahrhunderts unverständlich. Auch dies ist so nicht richtig. Paulus spricht insbesondere im Korintherbrief mehrmals von dem Zusammenkommen als Gemeinde.[2]

Er gebraucht den Begriff »Gemeinde« offensichtlich in einem allgemeinen Sinn (um die Gemeinde als solche zu bezeichnen)[3] und in einem speziellen Sinn (um das Zu-

---

[2] Ab Kap. 11,17 bis Kap. 14,35 insgesamt 11 Mal: 11,17.18.20.33.34; 14,19. 23.26.28.34.35.
[3] Siehe 1Kor 1,2; 4,17; 6,4; 10,32; 11,16.22; 12,28; 14,4.5.12; 15,9; 16,19.

sammenkommen in der Gemeinde oder als Gemeinde) zu bezeichnen. Was übrigens durchaus auch unserem heutigen Sprachgebrauch entspricht.

Offensichtlich war es für die Gläubigen kein Problem, die Bezeichnung »Zusammenkommen in der Gemeinde« mit bestimmten Situationen zu verbinden und von anderen Gelegenheiten des Zusammenseins (also dem allgemeinen Gemeindeleben) zu unterscheiden. Sonst hätte der Gebrauch dieser Bezeichnung überhaupt keinen Sinn. Mit dem Zusammenkommen in der Gemeinde sind also offensichtlich die Gemeindegottesdienste gemeint (vgl. Hebr 10,25). Ansonsten haben die einzelnen Anweisungen für das Zusammenkommen in der Gemeinde ebenfalls keinen Sinn.

9. Im Übrigen muss der Begriff des Zusammenkommens als Gemeinde generell – unabhängig von 1Kor 11,5 – im Zusammenhang des gesamten Briefes inhaltlich geklärt und definiert werden.

10. Auffallend ist, dass Paulus insbesondere bzw. ausschließlich ab 1Kor 11,17 vom Zusammenkommen in der Gemeinde redet. Bis 1Kor 11,16 wird der Begriff Gemeinde ausschließlich im allgemeinen Sinn verwendet. Außerdem finden sich bis 1Kor 11,16 auch inhaltlich keine Anweisungen, die sich direkt auf das Zusammenkommen in der Gemeinde beziehen. Es handelt sich hier um Fragen des christlichen Lebens und des allgemeinen Gemeindelebens (wie. z.B. Parteisucht, Gemeindezucht, Rechtsstreit unter Geschwistern, Ehe, Scheidung, Rücksichtnahme auf die Schwachen, etc.). Auch in 1Kor 10, wo vom Tisch des Herrn die Rede ist, geht es nicht um das Zusammenkommen, sondern um eine Warnung vor dem Götzendienst. Erst ab Kapitel 11,17 (bis 14,40) geht Paulus auf Fragen ein, die das Zusammenkommen als Gemeinde betreffen, was auch erklärt, warum er nur in diesem Abschnitt (11,17–14,40) den Begriff des Zusammenkommens gebraucht.

Für die Fragestellung im Hinblick auf 1Kor 11,5 bedeutet dies, dass sich durchaus Hinweise finden lassen, die bestätigen, dass sich die Aussage in 1Kor 11,5 nicht auf die Gemeindegottesdienste bezieht.

Ulrich Pletsch, Jg. 1956, verheiratet, eine Tochter und zwei Enkelkinder, ist Leiter einer christlichen Grundschule und Mitältester in einer Brüdergemeinde.

Das Weissagen der Frau

Von Benedikt Peters

»Jede Frau, die mit unverhülltem Haupt ... weissagt, entehrt ihr Haupt« (1Kor 11,5)

Wann immer Frauen weissagen, geschieht es »mit bedecktem Haupt«; das bedeutet, dass die Frau hierbei nie ihrem vom Schöpfer gewiesenen Platz der Unterordnung, der Zurückgezogenheit, des Stillseins und der Schamhaftigkeit verlässt (1Tim 2,9-12; 1Petr 3,1-6). Tut sie es doch, entehrt sie ihren Schöpfer, der ihr ihren Platz gewiesen, ihr Haupt – das ist: ihren Mann – und sich selbst. Alle im Alten und im Neuen Testament erwähnten Prophetinnen handelten entsprechend.

»Mirjam, die Prophetin« (2Mo 15,20,21)

Das Handeln Mirjams ist durch zwei Dinge gekennzeichnet:
- Sie *»antwortete ihnen«*: Mirjam antwortete auf den von Mose und den Männern angestimmten Gesang. Mirjam ergriff nicht das Wort, sondern sie folgte den Männern. Ihre Antwort (V. 21) war eine buchstäbliche Wiederholung dessen, was Mose bereits gesagt hatte (V. 1). Ob man zudem sagen kann, Mirjam habe hier geweissagt, ist fraglich, antwortete sie doch im Gesang lediglich Mose.
- *»Alle Frauen zogen aus hinter ihr her«*: Mirjam führte Frauen, nicht Männer. Sie hätte sich als Prophetin nie so ungebührlich verhalten wollen, vor der gesamten Gemeinde Israels zu reden. In Micha 6,4 sagt Gott, dass er *»Mose, Aaron und Mirjam«* vor dem Volke Israel hersandte. Zusammen mit ihrem Bruder Aaron und dem Führer Mose wird Mirjam gesandt. Eine Aussage wie: *»Ich habe Mirjam vor euch hergesandt«*, wäre ganz undenkbar.

»Debora, eine Prophetin« (Ri 4,4.5)

Deboras Dienst ist ebenfalls durch zwei Dinge gekennzeichnet:

- Sie tat ihren Dienst zu Hause, wie sehr sorgfältig vermerkt wird: Es wird gesagt, wo sie wohnt, und dass die Leute *»zu ihr hinauf«* gingen. Das ist darum bemerkenswert, weil es in unübersehbarem Gegensatz zum in Richter 6,8 erwähnten Propheten steht, der von Gott *zu den Israeliten gesandt wird.* Man beachte, wie ein Samuel von Ort zu Ort zog, um als Richter und Prophet seinen Dienst zu tun (1Sam 7,15-17).

Debora wird nicht zufällig *»die Frau des Lappidot«* genannt: Ihr Name und mithin ihre Identität ist an ihren Mann gebunden. Sie bleibt ihm untertan, indem sie in seinem Hause bleibt und dort ihren Dienst tut. Von welchem Propheten hätte man umgekehrt gehört, er sei »der Mann von ...«?

»Die Prophetin Hulda« (2Kö 22,14)

In den Tagen des Königs Josia, als der Prophet Jeremia seinen Dienst tat (Jer 1,1), suchen die von ihm abgesandten Männer die Prophetin Hulda auf. Auch von ihr werden zwei Dinge ausdrücklich festgehalten:

- Sie tut ihren Dienst ebenfalls zu Hause. Wie bei Debora wird ausdrücklich vermerkt, wo – in welchem Quartier der Stadt – sie wohnte, denn Josias Männer suchten sie dort auf. Sie bleibt als Prophetin mit einem geistlichen Dienst in dem Bereich, der ihr auf Grund der Schöpfung gegeben ist. Es ist dies stets ein Zeichen wahrer Geistlichkeit, dass man sich nicht eigenmächtig und selbstherrlich über die durch den Schöpfer gezogenen Grenzen hinwegsetzt, wie dies die Frauen in Korinth offensichtlich taten; denn dies muss doch wohl die rhetorische Frage des Apostels bedeuten (1Kor 14,37). Huldas Verhalten steht einmal mehr in auffälligem Gegensatz zu ihrem Zeitgenossen *Jeremia*, von dem wir vernehmen, dass *Gott ihn in die Stadt sandte*, um in der Öffentlichkeit zu weissagen (Jer 2,2; 7,2; 11,6; 17,19; 19,2.14; 26,2; 36,6).

- Hulda wird die »*Frau des Schallum*« genannt. Wie Debora ist auch sie damit durch ihren Mann identifiziert.

Das Gewicht der biblischen Nachrichten
Wir dürfen natürlich nicht übersehen: In der gesamten vom Geist Gottes inspirierten alttestamentlichen Geschichte Israels finden wir *eine* Mirjam, *eine* Debora, *eine* Hulda. Neben der vom Geist Gottes unübersehbar deutlich gezeigten *Einschränkung der Sphäre* ihres Wirkens, erkennen wir auch die *äußerst eng umschriebene Anzahl* weissagender Frauen. Redet die Schrift nicht auch auf diese Weise mit klar vernehmbarer Stimme, so, wie der Schöpfer durch die Schöpfung redet: *»Keine Rede, keine Worte, doch gehört wird ihre Stimme«* (Ps 19,3).

Es werden im AT noch zwei Frauen Prophetinnen genannt. In Jesaja 8,3 heißt die Frau Jesajas »Prophetin«. Von einem Dienst der Weissagung, den sie getan hätte, vernehmen wir nichts. Es scheint, dass sie »Prophetin« heißt, weil sie die Frau des Propheten Jesaja war. Nehemia 6,14 spricht von der *Prophetin Noadja*, welche ähnlich wie eine spätere Isebel eine böse, nämlich eine falsche Prophetin war. Hesekiel 13,17 spricht von namentlich nicht genannten Frauen, welche falsch weissagten. Wir sollten *Hanna, die Mutter Samuels*, nicht vergessen. Ihr in 1. Samuel 1 und 2 beschriebenes Handeln und Gebet zeigen, dass sie eine vom Geist Gottes geführte Frau war, die mehr geistliche Einsicht hatte als Eli, der offizielle Diener des Herrn. Ihr Gebet zeugt von wunderbarer Erkenntnis der Wege Gottes mit den Menschen. Hanna wird indes nicht »Prophetin« genannt, noch wird gesagt, sie habe »geweissagt«, denn sie redete im Gebet nicht vor und zu Menschen, sondern *zu Gott*.

Hatten wir also im AT an ganzen *drei* Stellen von weissagenden Frauen gelesen, so finden wir im gesamten NT lediglich deren *zwei*, allenfalls *drei*, wenn wir Lukas 1,39-56 dazuzählen. Dort begegnen sich Elisabeth, die Mutter Johannes des Täufers, und Maria, die Mutter Jesu. Als Maria ins

»Haus des Zacharias« eintritt und Elisabeth begrüßt, ruft diese ihr die Worte über die Frucht ihres Leibes zu, die man gewiss als Weissagung bezeichnen kann. Darauf entgegnet Maria, die Magd Gottes, mit ihrer bewegenden Anbetung Gottes in Bezug auf seine Wege in Erlösung und Gericht – die im Übrigen denen einer anderen Mutter, Hannas, sehr ähnlich sind. Die beiden Frauen sind, wie einmal mehr ausdrücklich vermerkt wird, zu Hause.

»Eine Prophetin Hanna« (Lk 2,36)

Wir finden bei Hanna die gleichen Dinge vermerkt wie bei ihren berühmten Ahnfrauen:

- Hanna hielt sich »im Tempel« auf, das heißt im Vorhof. Sie tat nicht einen öffentlichen Tempeldienst; solcher wurde einzig von Männern geübt. Der Tempel war seit dem Tod ihres Mannes offensichtlich ihr Zuhause. Dort betete und fastete sie Tag und Nacht, ohne vom Tempel zu weichen. Wie die alttestamentlichen und späteren neutestamentlichen Prophetinnen tat somit auch sie ihren Dienst dort, wo sie zu Hause war. Dort redete sie zu solchen, die wie sie auf Erlösung warteten; sie stellte sich also nicht wie ein Prophet Jeremia hin und predigte zu allen, die zum Tempel strömten, sondern sie sprach mit Einzelnen.
- Sie wird als Witwe *»Tochter Phanuels«* genannt, das heißt nach ihrem Vater identifiziert.

»Philippus ... hatte vier Töchter, Jungfrauen, die weissagten« (Apg 21,8.9)

An den Töchtern des Evangelisten Philippus bestätigt sich alles, was wir bereits an den alttestamentlichen Prophetinnen gesehen hatten:

- Es wird ausdrücklich vermerkt, dass Paulus und seine Reisegefährten im *»Haus des Philippus«* waren. Im Haus ihres Vaters taten sie also ihren Dienst; dort war ihr gesegneter Wirkungskreis.
- Die vier werden so vollständig als unter der Obhut ihres

Vaters dargestellt, dass uns nicht gesagt wird, wie sie hießen. Was unsere Zeit als schändliche Bevormundung und Entehrung der Frauen deklariert, war diesen geistlichen Töchtern selbstverständlich, glückliche Selbstverständlichkeit: Sie werden schlicht »*Töchter des Philippus*« genannt. So wie die Prophetinnen im Alten Testament nach ihrem Ehemann benannt wurden, so diese nach ihrem Vater. Mit dem Namen des Mannes im Hause war mithin ihre Identität begründet.

- Als Agabus, ein Prophet des Herrn, von Jerusalem kommt, handelt *er*; die vier Töchter treten vollständig in den Hintergrund (V. 10.11). Der Geist Gottes hat von ihnen kein Wort überliefern lassen.

»Isebel ..., die sich eine Prophetin nennt« (Offb 2,20)

Die einzige Prophetin in der ganzen Bibel, von der wir annehmen können, dass sie *in der Gemeinde weissagte*, ist Isebel; sie ist *eine selbsternannte Prophetin*, eine Verführerin. Es fehlen bei ihr bezeichnenderweise die Aussagen, die wir bei den vom Geist Gottes erfüllten und geführten Prophetinnen fanden:

- Der Name ihres Mannes oder ihres Vaters wird nicht erwähnt. Damit will wohl gezeigt werden, dass diese Frau sich über die vom Schöpfer gewiesene Stellung der Unterordnung unter den Mann hinwegsetzte. Sie wollte ihre Identität nicht mit dem Namen eines anderen verknüpfen; sie wollte selbst in Erscheinung treten.
- Wir vernehmen nicht, dass sie zu Hause ihren Dienst tat. Auch dieses Fehlen ist angesichts aller übrigen biblischen Fälle sehr vielsagend. Diese Frau war nicht willens, sich im vom Schöpfer gewiesenen Wirkungskreis zu bewegen. Sie wollte mehr. Sie war eine böse Frau.

»Jede Frau aber, die ... weissagt« (1Kor 11,5)

Wie und wo die weissagende Frau ihren Dienst tut, deckt sich mit all dem, was wir in den bisherigen Nachrichten über das

Verhalten der Mägde Gottes vernommen haben. Paulus bestätigt die beiden wiederholt hervorgehobenen Tatsachen:
- Die weissagende Frau achtet, durch Gottes Geist geführt, darauf, die Stellung der Unterordnung unter den Mann nie zu verlassen oder auch nur in Frage zu stellen. Daher bedeckt sie sich beim Beten oder Weissagen. Sie zeigt damit, dass sie unter Autorität steht und bleibt (1Kor 11,10).
- Die Frau *redet nicht in den Versammlungen* (1Kor 14,34). In den Versen, die dieser vom Apostel als Gebot Gottes gegebenen Weisung vorangehen, wird das Zusammenkommen einer örtlichen Gemeinde beschrieben, die in der Freiheit des Geistes unter Betätigung einer Vielfalt von Gaben und Diensten geschieht. Es dürfen sich dabei alle beteiligen; es heißt: *»Ihr könnt ... alle weissagen«* (1Kor 14,31). Wie es in der Bibel recht häufig ist, wird dieses »alle« eingeschränkt, heißt es doch unmittelbar danach: *»Eure Frauen sollen schweigen in den Versammlungen«* (1Kor 14,34). Wie im AT so ist auch im NT der Dienst des Wortes durch die Frau nicht für die Öffentlichkeit bestimmt. Wir hatten das bereits am Beispiel der Töchter des Philippus gesehen.

  Paulus sagt verdeutlichend, dass die Frauen auftretende Fragen nicht in der Versammlung, sondern *»daheim«* stellen sollen. Damit fügt sich der neutestamentliche Schreiber in die Reihe seiner alttestamentlichen Vorgänger, welche ebenso zwischen dem unterscheiden, was sich für eine Frau einerseits in der Öffentlichkeit und andererseits zu Hause zu tun schickt.
- Paulus richtet sich bei seiner Aufforderung nicht an die Frauen; denn er sagt nicht: »Ihr Frauen, schweigt«. Es war *die Pflicht der Männer* darauf zu achten, dass die Frauen sich auch in Korinth an die göttlichen Ordnungen hielten. Es ist also nicht in das Belieben der Frau gestellt, ob sie in den Zusammenkünften reden oder schweigen wolle.

»Wer aber weissagt ...« (1Kor 14,3)

Wer weissagt *»redet den Menschen zur Erbauung und Ermahnung und Tröstung«*. Heißt dies nun – wie zuweilen gesagt wird – ein jeder, der in der Gemeinde ein stärkendes oder ermunterndes Wort sagt, weissage. Sicher nicht. Paulus gibt in 1. Korinther 14,2-4 nicht eine Definition zweier Geistesgaben, des Sprachenredens und des Weissagens, sondern er stellt die je verschiedenen *Ergebnisse* oder *Auswirkungen* der genannten Gaben auf die Gemeinde einander gegenüber:

Während der in Sprachen Redende zu Gott Geheimnisse redet und daher lediglich sich selbst erbaut, redet der Weissagende zur Gemeinde und erbaut damit diese. Das ist die Schöne Wirkung dieses wertvollen Dienstes.

Es ist indes nicht jedes Wort, das ermuntert oder ermahnt, gleich Weissagung, weshalb Frauen nicht einfach reden dürfen, weil sie etwas auf dem Herzen haben. Selbst wenn man 1. Korinther 11,5 so verstehen wollte, Frauen in den Zusammenkünften beides dürften, weissagen und beten, so darf man nicht mit Verweis auf 1. Korinther 14,3 folgern, auch Frauen hätten volle Freiheit, in den Zusammenkünften der Gemeinde ihre erbaulichen und tröstlichen Wortbeiträge einzubringen; es sei ihnen lediglich verboten zu lehren. 1. Korinther 14,3 setzt voraus, dass jemand *weissagt*; und das tut beileibe nicht jeder, der in der Versammlung den Mund öffnet und etwas Ermunterndes oder Ermahnendes weitergibt. Es müsste also zunächst erwiesen sein, dass die betreffende Frau wie die Töchter des Philippus weissage. Ist solches nicht erwiesen, muss die Frau in jedem Fall schweigen, wie man 1. Korinther 11,5 auch auslegen mag. Der Apostel sagt den Korinthern, die mit den göttlichen Ordnungen bekanntlich ihre liebe Not hatten, aber etwas anderes: Die Frauen sollen in den Zusammenkünften überhaupt schweigen; die Öffentlichkeit ist nicht ihr Wirkungskreis.

Wenn nun eine Frau tatsächlich einen Dienst der Weissagung hat, so tut sie diesen im privaten, häuslichen Kreis. Ist sie geistlich gesinnt, wird sie erkennen, dass die Weisung des Paulus ein Gebot des Herrn ist (1Kor 14,37).

»In den Toren mögen ihre Werke sie preisen!« (Spr 31,31)
Wie selten, aber wie kostbar ist *»ein Weib von Tucht«* (Spr 31,10, M. Buber). Im Buch der Sprüche wird viel von den Tugenden und Untugenden der Zunge gesprochen. Die tüchtige Frau aber arbeitet, statt viel zu reden: In den 22 Versen, die ihr gewidmet sind, sprechen elf Verse von ihren Werken, einer nur von ihren Worten. Sie tut ihren Dienst in dem Wirkungskreis, den ihr der Schöpfer in Seiner Weisheit und Freundlichkeit geschenkt hat.

Sie überwacht die Vorgänge im Hause (V. 27), und dort tut sie ihren Mund auf mit Weisheit, dort können die Aus- und Eingehenden erfahren, dass liebreiche Lehre auf ihrer Zunge ist (V. 26).

In den Toren der Stadt, wo der Rat und das Gericht tagen, sitzt ihr Mann, nicht sie (V. 23). Sie würde sich schämen, dort ihren Mund aufzutun, würde sie damit doch nur ihren Gott entehren und ihren Mann beschämen.

Dennoch ist die Frau auf wundersame Weise auch dort bekannt: *»In den Toren mögen ihre **Werke** sie preisen«* (V. 31). Ihr stiller Wandel und ihre guten Werke im häuslichen Kreis (Tit 2,3-5) werden sie im Stadttor preisen.
Wir lesen im Neuen Testament auch von einer solch trefflichen Frau, von *Tabita*. In Apostelgeschichte 9,36 erfahren wir von ihren guten Werken; und in Vers 39 sehen wir, wie diese sie preisen.

Benedikt Peters, geb. 1950 in Helsingfors (Finnland), wohnt seit 1960 in der Schweiz. Er ist verheiratet und hat vier Kinder. Von 1980 bis 1985 studierte er griechische und hebräische Philologie an der Universität Zürich. Seit 1993 steht er vollzeitlich im übergemeindlichen Dienst als Bibellehrer.

»Wertvoll in Seinen Augen«

Von Veronika Nietzke

Meine persönliche Beziehung zu Christus begann vor fast 40 Jahren. Damals las ich zum ersten Mal in einer »richtigen« Bibel und hatte sehr viel Nachholbedarf. Natürlich wollte ich auch den Anweisungen Gottes gehorchen. Manche waren mir sehr klar und schlüssig, mit anderen hatte ich meine Probleme, sie zu verstehen oder zu akzeptieren.

Zu Letzterem gehörte auch die Position der Frau nach Gottes Gedanken. Ich hatte noch nicht viel geistliche Einsicht, und durch Bibelverse, Predigten und private Gespräche unter Gläubigen entstand in mir zunächst das vage Bild einer »zweitklassigen« Person, die still und unauffällig sein sollte. Das leuchtete mir aber nicht ein, denn mir war klar, dass ich vor Gott nicht diesen mageren Stellenwert haben konnte. Er gab sein Leben für mich, daher war ich nach Jesaja 43,4 kostbar und wertvoll in seinen Augen, und seine Liebe galt mir!

Andererseits gab es für mich aber auch keine Diskussion über die klaren Anweisungen der Bibel, dass Frauen in der Gemeinde nicht lehren oder laut beten durften. Sie sollten sich dagegen ihren Männern unterordnen und ihnen eine Hilfe sein. Diesen Aussagen wollte ich aber tiefer auf den Grund gehen, um sie zu verstehen. Es dauerte etwas, doch dann wurde mir durch intensives Lesen und Nachdenken klar, worin der Unterschied ihrer Stellung in der Gemeinde und der Stellung in Christus bestand.

Als Nächstes begann ich, mir die Frauen der Bibel näher anzuschauen. Was taten sie, was wurde von ihnen berichtet? Waren es nur stille graue Mäuschen, die im Hintergrund ihres Lebens oder ihrer Ehe unscheinbar ihr Leben fristeten? Keine eigenen Ideen hatten? Nie eine

Initiative ergriffen oder gute Impulse hatten, die sie umsetzen konnten? Wie hatte Gott sich denn die Frau und ihre Aufgaben gedacht? Tatsache war doch, dass er Mann und Frau mit unterschiedlichen Gaben und Veranlagungen geschaffen hatte. Sollte die Frau ihre ureigensten von Gott gegebenen Wesenszüge wie z.B. Liebe, Barmherzigkeit, Hilfsbereitschaft, Gastfreundschaft, Fürsorge, Seelsorge, Unterrichten von Frauen und Kindern in der Familie/Ehe/Gemeinde oder im Reich Gottes nicht einbringen können?

Es war spannend, bei meiner Reise durch die Bibel die unterschiedlichsten Frauen zu entdecken! Eine temperamentvolle Achsa, die ihren Mann »antrieb«, ein Feld von ihrem Vater zu fordern, weil sie um den Wert eines Erbteils Gottes wusste. Eine Rebekka als eine Frau des Glaubens und späteren Versagens. Eine Rahab, die ein Herz voller Liebe und Rettersinn für alle ihre Verwandten hatte. Eine Rut, die treu zu ihrer verwitweten Schwiegermutter hielt. Eine Hanna, die sich so sehnsüchtig ein Kind wünschte und dafür innig betete. Das Frauenbild in Sprüche 31 zeigte mir eine verheiratete Frau und Mutter mit einem Allroundjob, der die verschiedensten Dinge umfasste.

Mit ganz besonderem Interesse lernte ich die Frauen des NT kennen. Die hochbetagte Hanna ist mir lieb geworden, eine Maria von Betanien ist mir ein Ansporn, meinen HERRN besser kennenzulernen und zu verstehen. Was wäre wohl aus Timotheus geworden, wenn seine Mutter Eunike und seine Großmutter Lois ihn nicht gottesfürchtig erzogen hätten? Viele Frauen werden in der Apostelgeschichte besonders hervorgehoben und lobend beim Namen genannt, und das Ehepaar Aquila und Priscilla wurde mir im Laufe meines Lebens besonders wichtig.

Was für eine Aufgabenvielfalt tat sich mir da auf! Ich war gespannt, was der HERR mir zeigen würde, wo Er mich einsetzen wollte.

Ich brauchte nicht lange darauf zu warten, denn mein Mann und ich bekamen Kinder geschenkt, und die wichtige und einflussreiche Aufgabe als Mutter begann. Wie oft wird in der Bibel der Name einer Mutter genannt! Schon in den beiden Büchern der Könige begegnet uns das immer wieder. Da zeigt sich, wie eine Mutter ihre Stellung zum Guten, aber auch zum Bösen gebrauchen kann. Der HERR wird jeden Vater und jede Mutter einmal zur Rechenschaft dafür ziehen, was sie mit den ihnen anvertrauten Kindern getan haben. Wurden sie für ihn erzogen? Oft dachte ich da an Sprüche 31,26: »*Sie tut ihren Mund auf mit Weisheit, und liebreiche Lehre ist auf ihrer Zunge.*« Doch das kann nur geschehen, wenn man gerne im Wort Gottes liest und darüber nachdenkt.

Unsere Kinder wurden größer, und sie brachten andere Kinder mit nach Hause. Gastfreundschaft ist ein Begriff, der immer wieder im Wort Gottes einen wichtigen Stellenwert hat. Gäste waren bei uns auch immer erwünscht, egal, ob groß oder klein! Unter den Freunden unserer Kinder waren auch solche, die in ihrem Zuhause nichts von Christus erfuhren. Bei uns hörten sie erstmalig, wie man mit freien Worten zu Gott beten kann und gemeinsam bei Tisch in der Bibel liest. So lernten sie etliche biblische Geschichten kennen und bekamen einen Eindruck von dem Leben in einer christlichen Familie. Als unsere Jungen halbwüchsig waren, hörten mein Mann und ich von christlichen Freizeiten für Kinder und Jugendliche. Unsere Jungs nahmen mit Freude daran teil. Mit den Mitarbeitern bekamen wir guten Kontakt, und der Gedanke wurde immer drängender, ob wir uns ebenfalls dort aktiv einbringen sollten. Das Anliegen wurde zum gemeinsamen Gebet gemacht, und der HERR gab uns Klarheit. Unser Entschluss wurde bestätigt, als wir freudig und dankbar empfangen wurden. Ohne unser Wissen war im Mitarbeiterkreis schon längere Zeit für ein Ehepaar in unserem Alter gebetet worden!

Da wir als »Jungens-Eltern« gut in die Freizeit passten, wo 15-17-jährige Jungen teilnahmen, sind wir während langer Jahre dort eingesetzt worden. Mein Mann hielt einen täglichen Bibelkurs, den wir während vieler Wochen gemeinsam und gründlich vor der Freizeit erarbeitet hatten. Zur Erstellung kam mir das Talent des Schreibens und Zeichnens zu Gute, wofür mein Mann sehr dankbar war. Seine Stärke liegt auf anderen Gebieten, und ich konnte ihm mit meinen Gaben auch darin »eine Hilfe sein«. Außerdem war die Beschäftigung damit eine reine Freude!

Die notwendige Küchenorganisation und das Kochen selbst nahmen auch einen großen Teil meiner Mitarbeit ein. Gutes, reichliches Essen und ein fröhliches Küchenteam tragen zu einem gewaltigen Teil dazu bei, eine gute Atmosphäre in der Freizeit zu haben!

Wir Küchenfrauen hielten auch unsere tägliche Gebetsgemeinschaft. Die Gebetsanliegen waren oft verschieden von denen, die im Kreis aller Mitarbeiter genannt wurden. Bei uns Frauen ging es immer wieder um den einzelnen Menschen. Wir haben eine natürliche Gabe, zu lieben. Deshalb fällt es uns leichter, seelische Nöte zu bemerken, stille Hilferufe zu registrieren.

Von unserem HERRN lesen wir immer wieder, dass er »innerlich bewegt« war. Die meisten Männer müssen das lernen und dazu aufgefordert werden, es ihm gleich zu tun. Uns Frauen ist es von Gott gegeben, und wir können es zum Segen für andere Menschen gebrauchen!

Für die anfallenden Blessuren bei Sport und Spiel oder Krankheiten übernahm ich gerne die Erste-Hilfe-Versorgung. Wundversorgung, Fiebermessen, Medizin verabreichen etc. verband ich immer gern mit einem guten persönlichen Gespräch, das in der Regel weitere nach sich zog. Seelsorge beim Pflasterkleben war also ebenso möglich wie auch Seelsorge am Kochtopf unter uns Frauen.

Für evangelistische Abende schrieb ich sogenannte Anspiele und übte sie mit den »Darstellern« ein. Das bereitete mir viel Freude, vor allem, wenn die Jungs dadurch angesprochen und einen guten Input für ihr Leben bekamen.

Als Ehepaar hielten wir auch gemeinsam abendliche Seminare für die Jungen. Das Thema »Liebe, Freundschaft, Ehe« ist immer wieder ein ganz starker Anziehungspunkt, sie haben so viele Fragen in diesem Alter! Die schriftlichen Ausarbeitungen dazu habe ich ebenfalls erstellt. Mein Mann war berufstätig, aber ich konnte meine Zeit dafür einsetzen.

Verschiedene Arbeitsgemeinschaften gehören zu jeder Freizeit. Ich leitete kreative AGs, wir bemalten z.B. T-Shirts mit dem Lager-Logo und gestalteten ein Riesenlaken mit dem Bibelkursthema. In der Küchen-AG kochten und backten wir leckere Sachen, und am Abend gab's ein riesiges, abwechslungsreiches Büffet für alle!

In diesen Freizeiten kam es immer wieder vor, dass Jugendliche das persönliche Gespräch mit uns suchten. Dabei wurden wir mit den unterschiedlichsten Problemen und Fragen konfrontiert, die die jungen Leute bewegten.

Glaubenszweifel, fehlende Heilsgewissheit, Unkenntnis der Bibel, keine Lust zum Bibellesen, Umgang mit dem anderen Geschlecht und der eigenen Sexualität, Spannungen in der Familie, Missbrauch in der Kindheit, Suizidgedanken ... es ist nur die Spitze des Eisbergs.

Bei diesen komplexen Dingen konnte es nicht bei einem Gespräch bleiben. Wie selbstverständlich ergab es sich, dass wir immer wieder zu uns nach Hause einluden, und die jungen Leute kamen und kommen gerne.

Der HERR hatte es möglich gemacht, dass wir vor fast 30 Jahren ein kleines Häuschen zunächst mieten, später sogar kaufen konnten. Damals haben wir ihm gesagt, dass wir dieses Haus öffnen möchten für Menschen, die er uns schickt. In Spitzenzeiten haben wir vom Keller bis zum Dach 25 junge Gäste beherbergt!

Ich sagte am Anfang dieses Berichtes, dass mir das Ehepaar Aquila und Priscilla ein wichtiges Vorbild geworden ist. Sie trafen den Apollos, der nur die Taufe des Johannes kannte. So nahmen sie ihn mit zu sich nach Hause und legten ihm den Weg Gottes in Bezug auf den HERRN genauer aus. Sie übten also Gastfreundschaft, und Priscilla brachte sicher auch ein bekömmliches Essen auf den Tisch. Sie beteiligte sich aber auch an dem Gespräch über den christlichen Glauben, als sie ihn Apollos genauer erklärten. Priscilla hatte geistliche Einsicht, und sie gebrauchte sie zum Nutzen von Apollos. Das geschah aber nicht in der Öffentlichkeit, sondern in einem ganz privaten Rahmen, in den eigenen vier Wänden.

So sind die Gastfreundschaft und das seelsorgerliche Gespräch mit jungen Geschwistern auch in unserem Haus bis heute ein wichtiger gemeinsamer Dienst. Zu den aktuellen Lebensfragen lesen wir mit unseren jungen Freunden in der Bibel. Was sagt Gott dazu? Welche Anweisung, welchen Trost gibt es zu finden?

Für viele der Jungs war es die erste Anregung und Motivation, selbst gründlich die Bibel zu studieren oder eine regelmäßige »Stille Zeit« zu halten. Das war und ist eine besondere Freude für uns, wenn wir diese gute Entwicklung sehen!

Mit der Zeit kamen auch junge Schwestern zu unseren Kontakten hinzu. Das wurde und ist eine besondere Aufgabe für mich als Frau. Die ersten sind inzwischen schon junge Mütter geworden, aber die jahrelange Freundschaft ist beständig. Ansonsten geht das Alter im Moment von 13 bis 23 Jahren, also eine sehr breite Spanne.

Neben den vielen seelsorgerlichen Themen ermuntere ich die ledigen Schwestern ganz besonders, ihre geistliche Entwicklung nicht zu vernachlässigen. Als ich mich jung bekehrte, las ich begeistert im Wort und konnte davon einfach nicht genug bekommen. Bei Mädchen aus gläubigem Haus erlebe ich es häufig, dass eigenes Bibellesen nur eine oberflächliche knappe Pflichtlektüre ist. Eine von ihnen brachte es einmal auf den Punkt: »Das ist doch für uns nicht so wichtig. Wir sind doch nur Frauen, und sollen eh nichts sagen.« NUR Frauen? Ich war entsetzt, wirklich!

Liebe junge Schwestern, ihr müsst allen Menschen gegenüber genauso Rechenschaft über euren Glauben geben können wie die Männer. Dazu müsst ihr das Wort Gottes kennen. Wenn ihr ungläubige Schul- oder Arbeitskollegen habt, was wollt ihr ihnen erzählen? Wenn der Herr euch Kinder schenkt, wollt ihr ihnen ihre Fragen nicht beantworten können, die sie zu biblischen Themen haben? Ihr seid die meisten Stunden des Tages mit ihnen zusammen! Und noch etwas ganz Wichtiges: Wie wollt ihr euren Herrn besser kennenlernen, wenn ihr nicht in seinem Wort lest, das von ihm redet?!

Noch ein Wort zum Dienst an jungen Herzen: Es ist selbstverständlich und notwendig, selbst ein festes Leben mit dem Herrn zu führen, wenn man anderen eine Hilfe sein will. Der Herr schenkt alles, was dazu gebraucht wird. Immer wieder berufe ich mich deshalb in meinen vielen Kontakten auf Jakobus 1, 5.6 und nehme meinen Herrn bei Seinem Wort. Er schenkt Weisheit, wenn ich Ihn aufrichtig darum bitte! Auch Johannes 15,5 ist eine Tatsache: »Ohne mich könnt ihr nichts tun!«

Ich wünsche mir, dass es viele »Aquilas und Priszillas« gibt, bei denen besonders unsere jungen Geschwister herzlich willkommen sind. Wo diese spüren, hier werde ich geliebt, hier will man mir helfen: Hier finde ich ein offenes Ohr und ein offenes Herz. Da werden sie gerne hinkommen und Vertrauen haben!

Wenn Ehen geschlossen werden, schreibe ich dem

Brautpaar immer auch den Wunsch in die Glückwunschkarte, dass sie gemeinsam einen Blick für die Menschen haben, die sie brauchen, und ihr Heim für sie öffnen. Solchen Suchenden Liebe, Hilfe und Wegweisung zu geben, ist ein guter, gesegneter Dienst im Reich Gottes!

Im Anfang suchte ich also danach, was Frauen gemäß der Bibel für Aufgaben haben könnten, abgesehen von ihrem wichtigsten Dienst in der eigenen Ehe und Familie. Inzwischen muss ich als ältere Frau sagen, dass ein einziges Leben nicht ausreicht, um alle Aufgaben wahrnehmen zu können, die es für eine gläubige Frau gibt. Um nur einige zu nennen:

Junge ledige Schwestern verteilen Einladungen an Nachbarskinder und gründen eine Kinderstunde, die über Jahre besteht. In unsere Freizeiten kommen immer wieder Kinder aus solchen Kinderstunden, und es haben sich etliche zum Herrn bekehrt, mit Auswirkungen auf ihre ganze Familie.

Andere Schwestern gründen eine Teeniestunde für Mädchen, die sich mit den speziellen Fragen dieses Alters befasst.

Da gibt es Chöre, die in die Gefängnisse, auf Weihnachtsmärkte, in Altenheime und in Krankenhäuser gehen. Schwestern gestalten Kindertüten mit Leckereien und biblischen Geschichten, die bei Einsätzen verteilt werden.

Einige Schwestern sind sehr talentiert in Musik und Gesang, sie haben etliche Kinder-Musicals zu biblischen Themen geschrieben, mit den Kids eingeübt und vorgeführt.

Die Sonntagsschule für die Kleinen braucht Lehrerinnen, die ihnen vom Herrn erzählen.

Bei den Campingplatz-Missionen für Kinder werden viele, viele Helferinnen gebraucht!

In den christlichen Freizeiten für Kinder und Jugendliche werden Gruppenleiterinnen gesucht, die sich auch im übrigen Jahr um die Kinder und Jugendlichen kümmern, die ihnen anvertraut wurden.

Wie sieht es mit den schriftlichen Kontakten aus? Frauen besitzen ein besonderes Talent zum Schreiben. Schon bei kleinen Mädchen gibt es erheblich mehr Brieffreundinnen als bei den Jungen. Männer schreiben meistens ungern und wenn, dann knapp und kurz. Auch bei mir gibt es einen umfangreichen Mailverkehr zu den verschiedensten Fragen von jungen Menschen, der schon über viele Jahre besteht.

Wer macht Krankenbetreuung, Nachbarschaftshilfe und, und, und …

Eine Frau kann nicht alle Möglichkeiten ihres großen Betätigungsfeldes wahrnehmen, denn dann wäre Oberflächlichkeit die Folge. Aber sie kann mit den Gaben, die Gott ihr gegeben hat, einen Teil davon treu und beständig tun. Praktisch und geistlich, zur Ehre unseres Herrn und zum Segen für die Glaubensgeschwister und die, die noch keine Beziehung zu Jesus Christus haben!

Veronika Nietzke, Jg. 1953, gelernte Bürokauffrau, lebt in ihrem Geburtsort Oberhausen (Ruhrgebiet). Sie ist seit 39 Jahren mit Manfred verheiratet, Mutter von drei Kindern und Großmutter von drei Enkelkindern.

Nur noch Schrumpfmänner?

Ein Interview mit Gottfried Piepersberg

»Starkes Geschlecht? Das war einmal! Übrig geblieben sind vor allem mutlose und chronisch verunsicherte Befindlichkeitskrüppel. Der Durchschnittsmann ist heute leistungskritisch, existenziell erschöpft, anpassungswillig und frei von verzehrenden Leidenschaften!« So schreibt es **Michael Klonovsky** *im FOCUS vom 13. August 2011. Stimmt das? Und stimmt das auch teilweise für Männer, die Christen sind? Schwächeln deshalb Ehen, Familien und Gemeinden, weil Männer keine Männer mehr sind? Oder weil sie schwach (geworden) sind? Was macht denn Männer stark? Dieser Frage ging die Redaktion der Zeitschrift »Perspektive« nach und fragte* **Gottfried Piepersberg**, *der sich mit dieser Problematik auseinandergesetzt hat.*

Warum hat Michael Klonovsky recht?
Ja, er hat recht, auch wenn man sich davor hüten sollte, sein Urteil zu pauschalisieren. Sicher ist der Mann physisch der Frau an Kraft nach wie vor überlegen, aber geistlich und seelisch ist er eher schwach, verunsichert und verkrüppelt. Der moderne Durchschnittsmann zieht sich gerne aus der Verantwortung. Er neigt dazu, sich mit der zweitbesten Lösung zufrieden zu geben. Er kämpft nicht mehr. Er hat auch keinen Mut dazu. Er ist zufrieden, wenn er einen Job hat, in dem er aufgehen kann, und der ihm ein wenig Befriedigung schenkt. Nur ein kleinerer Teil der Männer strebt eine Karriere an. In der Regel sind sie zufrieden, wenn sie genug Geld verdienen, um sich ihre Hobbys leisten zu können. Und die Zeit, die sie dafür brauchen, wollen sie weder im Beruf noch zu Hause verlieren. Wenn sie sich verausgaben, dann tun sie das eher auf dem Sportplatz als im Beruf. Im Kampf um den

Ball auf dem Rasen kommen schon mal die verschütteten Leidenschaften zum Vorschein.

Wo liegen die Ursachen für die Schwäche vieler Männer?
Ich glaube, dass die Jungs heute nicht mehr lernen können, was Männer tun sollten und was sie zu Männern macht. Gewiss ist das, was einen Mann zum Mann macht, bei den Jungs angelegt, aber es muss trainiert werden, wie alles andere im Leben auch. Wir müssen essen lernen, laufen lernen, sprechen lernen, und Jungs müssen lernen, Männer zu werden. Das wird aber in unserer Gesellschaft nicht mehr gewünscht. Jahrzehnte lang wurde für die Gleichberechtigung der Frau gekämpft. Nun ist sie weitgehend erreicht, aber dafür gibt es keine Männer mehr. Wenn Männer heute das tun wollen, was Männer tun sollten, dann wird das viel zu schnell als Diskriminierung gegenüber dem weiblichen Geschlecht empfunden oder als Machogehabe verurteilt. Unsere Jungs werden auch weitgehend von Frauen erzogen und geprägt. Sie haben keine männlichen Begleiter und Vorbilder in der frühen Phase ihres Lebens. Zu Hause sind es mehrheitlich die Mamas, die umgeben und versorgen, dann kommen die Erzieherinnen in den Kitas und dann die Lehrerinnen in den Grundschulen. Von den 660.000 Alleinerziehenden (2008) waren 91% Frauen. Der erste Mann, der ihren Kindern begegnet, ist der Lehrer in der weiterführenden Schule.

Inwieweit betrifft das auch den christlichen Bereich? Die Familien und Gemeinden? Woran kann man das erkennen?
Vor der christlichen Familie und Gemeinde hat diese Entwicklung nicht Halt gemacht. Auch in diesen Kreisen haben viele Männer aufgehört, Verantwortung zu übernehmen. Sie ziehen sich lieber ins Berufsleben zurück und lassen den Frauen zuhause und in der Gemeinde das Sagen. Sie werden gerne verwöhnt und bedient und geben auch gerne Kommandos. Aber das hat wenig mit Verantwortung zu tun. Sie sind

glücklich und zufrieden, wenn sich Frauen bei ihnen anlehnen oder wenn sie ihnen beim Tragen schwerer Gegenstände helfen können, aber unpopuläre Entscheidungen zu treffen, das liegt ihnen nicht. Heute müssen viele Dinge getan werden, die sich gegen den gesellschaftlichen Trend richten. In der Gemeinde und zu Hause müssen Leitlinien gezogen werden, die sich nicht stromlinienförmig dem Wind modernen Denkens anpassen. Es ist die Sache der Männer, geistliche Verantwortung zu übernehmen, geistlich zu führen, Orientierung und Halt zu geben und vor allem, in den eigenen Überzeugungen zu leben und darin Vorbild zu sein. Das ist schwer. Das ist männlich und stark. Und genau da kneifen die Männer und gehen lieber auf den Sportplatz oder mähen den Rasen.

Kann das auch an den Erwartungen von Frauen liegen?
Die Lebens- und Arbeitssituation hat sich in vielen Familien verändert. Das traditionelle Rollenverständnis von Mann und Frau in Ehe und Familie hat sich ja komplett verschoben. Dazu beigetragen hat sicherlich die veränderte Arbeitssituation von Frauen und Männern. Hier haben die alten Bundesländer fast zu den neuen Bundesländern aufgeschlossen, so dass nun in den meisten Familien der Zustand eingekehrt ist, dass beide Elternteile arbeiten. Damit wird natürlich auch das gesamte Familienleben massiv verändert. Die Aufgaben, die zu Hause erledigt werden müssen, müssen anders verteilt werden als früher. Dazu gehört aber nicht nur die Hausarbeit, sondern auch, und das ist viel bedeutungsvoller, die Erziehung und die Zeit mit den Kindern. Vielfach verbringen die Kinder von berufstätigen Eltern heute die meiste Wachzeit in Kitas und Schulen.

Es ist einfach so, dass Frauen heute oft die gleichen Chancen und Möglichkeiten im Berufsleben haben wie Männer. Frauen durchlaufen die gleichen schulischen und beruflichen Qualifikationen wie ihre männlichen Konkurrenten, warum sollten sie dann anders behandelt werden? Auf unserem Arbeitsmarkt gibt es für Väter weder ein Anrecht auf einen

Arbeitsplatz noch auf ein höheres Einkommen als seine Ehefrau. Was tun, wenn der Vater eines Kleinkindes keine Arbeit hat, aber seine Frau ein lukratives Stellenangebot bekommt? Sollte die Mutter eines Neugeborenen besser auf ihre berufliche Weiterbildung verzichten? Die Ausbildung in akademischen Berufen ist häufig sehr lang. Wann sollen christliche Paare heiraten und wann Kinder bekommen? Christliche Ehepaare werden heute mit Entscheidungssituationen konfrontiert, wie es sie früher nicht gab.

Nun geht es uns auch sehr um »geistliche Stärke« von Männern. Nicht nur, dass sie ihren Job hervorragend erledigen und für die Familie sorgen. Wo siehst du Schwachpunkte im geistlichen Bereich?
Ich glaube, dass alle christlichen Männer sich wünschen, dass es ihren Familien gut geht, dass sie ihren Frauen ein guter Ehemann sind und dass ihre Kinder im Glauben an Jesus Christus und unter seiner Führung leben. Sie wünschen sich auch, dass ihre Gemeinde eine Begegnungsstätte zwischen Menschen und Gott ist und möchten gerne etwas dazu beitragen. Aber mir scheint, dass viele nicht wissen, wie man das macht. Viele Väter sind nicht dazu in der Lage, ihre Kinder zu lehren, wie man betet, weil sie selbst kein lebendiges, reges und intensives Gebetsleben haben. Viele fühlen sich überfordert, wenn es darum geht, ihren eigenen Kindern das Wort Gottes aufzuschließen und wertvoll zu machen, weil sie selbst den Zugang zur Bibel verloren haben oder weil sie keine Zeit dazu haben, mit den Kindern regelmäßig in der Bibel zu lesen. Sie spüren die Not ihrer Kinder, die sich mit den Herausforderungen in der Schule und im Freundeskreis auseinander setzen, aber sie können ihnen nicht helfen, weil sie weder mit ihnen beten können, noch biblische Antworten auf ihre Fragen haben.

Viele christliche Ehemänner sehen sich nicht dazu in der Lage, ihren Frauen geistlich zu dienen. Vielleicht haben die meisten überhaupt noch nicht daran gedacht, dass dies ihre

Aufgabe ist. Nicht wenige empfinden, dass ihre Frauen ihnen geistlich überlegen sind. Es ist an sich nichts Schlechtes, wenn Frauen geistlich gereift sind, aber wenn sich ihre Männer daraufhin dem geistlichen Austausch entziehen, dann ist das schlecht. Wenn Männer in der Ehe keine geistliche Verantwortung übernehmen, aus welchem Grund auch immer, dann mangelt es an geistlicher Kraft.

Dieses Problem setzt sich in der Gemeinde fort. Dass die Männer in besonderer Weise geistliche Verantwortung tragen, für das, was in der Gemeinde geschieht, ist vielen nicht bewusst oder sie verdrängen es. Hierbei geht es nicht um autoritäres Herrschen, sondern um geistliche Leiterschaft. Das hat viel mit Dienen zu tun, mit Zeit haben für andere, mit Vorbild sein, mit Hören, was andere sagen und denken, mit Bereitschaft, den unteren Weg zu gehen, mit Ertragen einer anderen Meinung, mit der Fähigkeit, einen neuen Weg zu gehen, mit dem Wollen, sich einzubringen mit den Fähigkeiten und Gaben, die Gott in das Leben hineingelegt hat.

Woran liegt das? Tun wir zu wenig für heranwachsende Männer?

Eine Veränderung ist dringend notwendig und gefordert. Nun neigen wir dazu, für jedes erkannte Problem ein Seminarangebot zu machen, doch wirkliche Veränderung wird meiner Meinung nach nicht durch Schulungsprogramme und Seminare nachhaltig erreicht. Ich glaube, dass das zunächst einmal etwas mit meinem eigenen Herzen zu tun hat. Damit meine ich, dass bei uns älteren und reiferen christlichen Männern eine Veränderung geschehen muss. Seminare und Schulungsprogramme können sensibilisieren und Impulse geben, aber das Leben danach ist das Entscheidende, und da sind die älteren »Brüder« gefordert. Sie müssen Vorbilder sein, die Mut machen und an die Hand nehmen, die in Aufgaben und Verantwortung einführen und begleiten, die helfen, beraten und vor allem mit und für die jungen »Brüder« beten. Was wir brauchen, sind geistliche Väter, die da sind, wenn man sie braucht, deren Ratschläge nicht nur aus Floskeln bestehen, die in der Lage sind, sich in die aktuelle veränderte Lage hineinzuversetzen, die nicht nur alt Bewährtes verteidigen und vor allem, die ein fröhliches und befreites Glaubensleben führen.

Was macht denn Männer geistlich »stark«?

Ich habe die Befürchtung, dass die Beschäftigung mit weltlichen Dingen unsere Männer sehr in Beschlag genommen hat. Der berufliche Druck und die Fülle der außerberuflichen Angebote haben dermaßen zugenommen, dass man sich dem nur mit Gewalt entziehen kann. Mir scheint, dass das nicht jeder christliche Mann schafft. Zeit mit Gott und Bibelstudium zu verbringen, ist aber für geistliche Stärke unerlässlich. *»Fragt nach dem Herrn und seiner Stärke, sucht sein Angesicht beständig!«* (Ps 105,4) singt David, nachdem er die Bundeslade nach Jerusalem gebracht hat. Als der Herr ihn errettet hatte aus der Hand aller seiner Feinde und aus der Hand Sauls, sagt er: *»Ich liebe dich, Herr, meine Stärke!«* (Ps 18,2). *»Werdet stark im Herrn und in der Macht seiner Stärke!«*, schreibt Paulus den Christen in Ephesus (Eph 6,10). Die Bibel ist voll von derartigen Zeugnissen. Geistliche Stärke geht ausschließlich aus der intensiven und ungetrübten Gemeinschaft mit Gott hervor. Und die braucht Zeit und Stille. Alleinsein mit Gott ist nicht nebenbei zu haben. Im übertragenen Sinn greift hier auch das Wort unseres Herrn: *»Getrennt von mir könnt ihr nichts tun«* (Joh 15,5). Das bedeutet im Sinne einer Antwort auf die gestellte Frage: Getrennt von Jesus geht jegliche geistliche Kraft verloren.

Welche Auswirkungen haben geistlich starke Männer in der Familie und Gemeinde?

Die Beantwortung dieser Frage birgt die Gefahr einer einseitigen Betrachtung. Es geht in Ehe, Familie, Gemeinde, Beruf und in allen anderen Lebensbereichen immer um ein Miteinander der Geschlechter, denn genau dazu hat Gott sie geschaffen. Darum geht es immer auch um geistlich starke

Frauen. Aber wenn wir jetzt einmal den Fokus auf die Auswirkungen von geistlich starken Männern legen, dann fällt mir da eine ganze Menge ein.

Geistlich starke Männer sorgen für das geistliche Wohl ihrer Frauen und Kinder. Bildlich gesprochen werden sie täglich ausziehen, um geistliche Nahrung für ihre Familie zu sammeln. Weil sie nah bei ihren Frauen sind, können sie sehen, was sie brauchen und was ihnen wohl tut, und das sowohl geistlich wie auch seelisch, körperlich und materiell.

Geistlich starke Väter sind auch nah bei ihren Kindern. Sie wissen, was sich in ihrem Leben abspielt. Sie wollen Zeit mit ihren Kindern verbringen, mit ihnen etwas unternehmen, spielen und Abenteuer erleben. Sie wollen ihren Kindern helfen, die richtigen Antworten auf die Fragen des Lebens zu finden.

Geistlich starke Männer haben die Kraft dazu, Prioritäten zu setzen zum geistlichen Nutzen ihrer Familie und dafür auf die Ausübung eines Hobbys oder gar eines beruflichen Aufstiegs zu verzichten.

Geistlich starke Männer werden ihre Familie vor geistlichen Angriffen beschützen. Aber sie wissen auch, dass sie das alles nicht aus eigener Kraft tun können, *darum sind geistlich starke Männer Männer des Gebetes.* Diese Männer stehen auch nicht im Wettstreit oder gar Kampf mit dem weiblichen Geschlecht. Im Gegenteil, sie schätzen die Meinung ihrer Frauen. Sie haben keine Angst, die männliche Autorität zu verlieren, wenn sie erkannt haben, dass es gut wäre, auf ihre Frauen zu hören. Überhaupt hat die Angst davor, die Anerkennung von Menschen zu verlieren, nichts zu tun mit einem geistlich starken Mann.

Diese Männer wissen, dass ihre erste Verantwortung das geistliche Wohl der Familie ist, aber sie *werden sich* dafür *nicht der Mitarbeit in der Gemeinde entziehen.* Wenn die Gemeinde den richtigen Stellenwert in ihrem Leben hat, werden sie mit ihrer Familie viel Zeit in der Gemeinde verbringen. Es wird ihr Anliegen sein, ihren Frauen und

Kindern die Gemeinde lieb zu machen. Und sie wollen sich einbringen in der Gemeinde mit den Gaben, die Gott ihnen gegeben hat. Sie betrachten die Gemeinde nicht als eine Institution, die dafür zuständig ist, die eigenen Bedürfnisse zu befriedigen, sondern als eine Gemeinschaft von Menschen, die vom gegenseitigen Geben und Nehmen profitieren, als eine Gemeinschaft, in der keiner unnütz ist, weil alle von Gott begabt und befähigt sind.

Geistlich starke Männer leben zur Ehre Gottes. Das ist eine alles umfassende Aussage für ein Leben, das in vielen Details stattfindet. Das, was ein solches Leben besonders kennzeichnet, ist die Kraft der Freiheit vom eigenen Ich. Diese Männer müssen weder dem eigenen Bauch noch dem eigenen Vergnügen dienen, sie sorgen sich nicht um das eigene Ansehen und die Wertschätzung von Menschen, und sie müssen auch nicht mit aller Kraft für die Durchsetzung der eigenen Überzeugung kämpfen. Sie wissen, dass sie wertgeschätzt bei Gott sind, und das genügt. Daraus schöpfen sie Kraft und Stärke für ein Leben, das Gott ehrt und dem Nächsten wohl tut.

Leider haben wir es in den Gemeinden häufig mit einer großen schweigenden Mehrheit zu tun. Das verunsichert, belastet und beschwert das Miteinander. Männer, die mit ihrer Meinung ständig in Deckung bleiben, sind nicht geistlich stark. Manchmal ist es nicht leicht, die eigene Sicht der Dinge kundzutun, vor allem, wenn diese nicht der Variante der Mehrheit oder der Tradition entspricht. Aber wenn dies ausbleibt, wird es nie ein ehrliches, offenherziges Miteinander in der Gemeinde geben. Männer, die sich von Gott gehalten und getragen wissen, werden eine Debatte in der Gemeinde (und auch zu Hause) nicht in aufgeregter Weise führen. Sie besitzen die geistliche Stärke, in Ruhe die eigene Meinung darzulegen und anders lautende anzuhören und u. U. auch stehen zu lassen. Geistlich starke Männer haben die Kraft, standzuhalten, auszuhalten, zu ertragen. Vielleicht könnten manche Themen in den Gemeinden, die uns heute so viel Not bereiten und aufreiben, mit mehr Gelassenheit bewältigt werden, wenn mehr geistliche Stärke vorhanden wäre.

Hast du auch einen Tipp für die Frauen? Wie können sie mithelfen, damit aus Jungen starke Männer werden? Eben keine Schrumpfmänner?
Vor 37 Jahren lernte ich meine Frau kennen. Bereits in den ersten Monaten unserer Freundschaft hatte ich die besten Chancen, sie gleich wieder zu verlieren. Ich bemühte mich nach Kräften, alles zu tun, damit die gemeinsame Zeit ihr gefiel. Dabei verzichtete ich völlig darauf, eigene Gestaltungsvorschläge zu machen. Aber nach einem halben Jahr sagte mir meine damalige Freundin, dass ihr das gar nicht gefiel. Sie wollte meine Meinung hören. Sie wollte wissen, wo sie mit mir dran war. Das war eine erste Lektion, die mir meine Frau erteilte. Sie erwartete von ihrem Mann, dass er ihr voranging. Eine zweite Episode möchte ich anfügen. Sie ereignete sich in unserer ersten Gemeindegründungsarbeit in Garbsen bei Hannover. Die Frauen der Gemeinde setzten sich im damals existierenden Frauenkreis mit der Frage auseinander: »Was können wir tun, damit Männer das tun, was sie sollen?« Eine Antwort war: »Wir wollen nicht das tun, was Männer tun sollen.«

Gottfried Piepersberg, Jg. 1956, verheiratet, fünf Kinder, drei Pflegekinder. Bis 1989 Berufssoldat, anschließend als Missionar in Gemeindegründungsarbeiten und als Gemeindereferent tätig, seit 2009 Gemeindegründung in Wismar.

Biblisches Anforderungsprofil für den Mann

Allgemeine Anforderungen
- in **Gottesfurcht** leben (1Tim 4,7)
- ein **diszipliniertes** Leben vor Gott führen (1Kor 9,25-27; Hebr 12,1-3)
- **Verantwortung** übernehmen (1Tim 5,8; 2Petr 1,10; 1Jo 2,28)
- ein **Gebetsleben** führen (Ps 109,4; Eph 5,20; Phil 1,4)

Anforderungen im Blick auf Beziehungen
- sexuelle **Reinheit** (1Thes 4,3-8)
- ein **erfülltes Eheleben** (falls verheiratet) durch aufopfernde und heiligende Liebe, Verpflichtung, Treue, Kommunikation, Ermutigung und Achtung (Eph 5,21-33)
- **verantwortungsvolle Vaterschaft** durch Vermeiden von überzogener Kritik, übermäßiger Strenge, Reizbarkeit, Widersprüchlichkeit und Bevorzugung; durch Zärtlichkeit, Disziplin, Unterweisung und Ermutigung (Spr 22,6; Eph 4)
- **Freundschaft** durch gegenseitiges Geben und Nehmen, Liebe, Hingabe, Treue und gegenseitige Ermutigung (Joh 15,13-15; 1Sam 14–18; 2Kor 7,6-7; 1Petr 4,9; Hebr 13,2)

Anforderungen im Blick auf das Wesen
- die **Gedankenwelt** schützen, geistlich füllen und unter Kontrolle halten (Ps 119,97-100; Mt 5,29; 2Kor 10,4-5; Phil 4,8)
- **Hingabe** durch Nachsinnen über Gottes Wort, Bekennen von Schuld und Sünde, Anbetung Gottes und Gehorsam ihm gegenüber (Ps 1,2; 139,23-24; 66,18; 2Tim 2,15.22)
- **Beten** – im Geist, beständig, beharrlich, fürbittend, öffentlich (Lk 18,1-8; Röm 8,26-27; Jud 20; Eph 6,19-20; 1Tim 2,8)

- ein auf Gott ausgerichteter **Gottesdienst** (Röm 12,1) durch Anbetung *»in Geist und Wahrheit«* (Joh 4,23), im Bewusstsein seiner Gegenwart (Mt 18,20), durch innere Vorbereitung (Hebr 10,19-22), mit einer Erwartungshaltung (2Kor 9,8; Phil 4,19) und der Bereitschaft zum Mitwirken (1Kor 12,28-31; 14,26)

Anforderungen im Blick auf den Charakter
- **Integrität** durch eine ganzheitliche Lebensführung in Wahrhaftigkeit, Ehrlichkeit, Zuverlässigkeit und Treue gegenüber sich selbst und seinen Überzeugungen (Hi 27,5)
- **Beherrschung der Zunge** (Jak 1,26; 3,1-12) in Bezug auf Vermeiden von Klatsch (Spr 16,28; 17,9; 26,20), Verleumdung (2Mo 20,16), versteckte Andeutungen, Schmeicheleien (Spr 26,28), Kritiksucht, abfälliges Reden (Jak 4,11), albernes Geschwätz und Witzelei (Eph 5,4)
- Disziplin in Bezug auf **Arbeit und Beruf** durch tatkräftigen Einsatz, Fleiß, mit Engagement und ganzer Leistungskraft, ausgerichtet auf ein gutes Ergebnis (Eph 2,10; 6,5-9) *»als dem Herrn«* (Kol 3,17.22-24)
- **Beharrlichkeit** und **Ausdauer** durch Abkehr von sündigen Gewohnheiten, konsequentes Handeln, Konzentration auf das Wesentliche (den Herrn) (2Tim 4,7; Hebr 12,1-3)

Anforderungen im Blick auf den Dienst
- in Bezug auf die **Gemeinde** durch regelmäßige Anwesenheit, verbindliche Gemeindezugehörigkeit, Freigebigkeit, Gemeinschaftsfähigkeit, praktische Liebe und Mitarbeit (Betätigung der Gabe[n]) (2Tim 2,15; 2Kor 6,4-10)
- **Führerschaft** durch Gebet, Gemeinschaft mit Gott (Ps 37,23), Hingabe, Vorbild, Großherzigkeit, Fürsorge, durch Glauben, der die Zweifel anderer überragt, durch Erfüllung mit Heiligem Geist, mit der Bereitschaft zur rechtzeitigen Staffelübergabe (Apg 6,5; 1Tim 3,1-13)
- **Freigebigkeit** im Bewusstsein des von Gott empfangenen Segens (Lk 6,38; Apg 20,35; 2Kor 9,6), in Verbindung

mit einem festen und fröhlichem Herzensentschluss (2Kor 9,7)
- **Zeugnis geben** aus einem überzeugten und selbstlosen, zuversichtlichen und mitteilsamen Herzen verbunden mit der Investition in echte Beziehungen zu anderen Menschen (Kol 4,5.6; 1Petr 3,15.16a)
- Bereitschaft zum **Dienen** mit einem weiten Herzen für die Nöte und Sorgen anderer Menschen (2Kor 6,11; 1Thes 2,8.9)

Zusammengestellt nach R. Kent Hughes, Mann mit Profil, Das biblische Bild des Mannes, CV Dillenburg 2010.

Dienste und Aufgaben der Frau

Eine Danksagung

Von Eberhard Platte

Auf einem christlichen Frauenseminar mit dem Thema »Engagiert leben als Frau« kamen die Teilnehmerinnen am ersten Abend zum gegenseitigen Kennenlernen zusammen. Dabei wurden alle anwesenden Frauen gefragt, mit welchen Erwartungen sie zu diesem Seminar gekommen seien. Eine junge Schwester sagte ganz offen, sie sei gekommen, weil sie es sich nicht vorstellen könne, dass Schwestern in Brüdergemeinden überhaupt engagiert leben könnten ...

Neulich interviewte mich eine Journalistin unserer heimatlichen Wochenzeitung, da sie einen Artikel über das sozialdiakonische Engagement unserer Gemeinde schreiben wollte. »Was ist das für eine Gemeinde, zu der Sie gehören«, wollte sie wissen. »Ist das die Freikirche, wo die Frauen nichts sagen dürfen?« – Ich schluckte und dachte: Hoffentlich schreibt sie nicht diffamierend über uns. »Wissen Sie«, antwortete ich zaghaft, »wir bemühen uns, auch in der Gemeinde nach den Aussagen der Bibel zu leben. Auch wenn es gegen den Trend der Zeit zu sein scheint.« – »Das verstehe ich«, meinte sie, »ich hab die Frauen Ihrer Gemeinde beobachtet und festgestellt, sie sind sehr engagiert und mit frohem Herzen dabei. Einen unterdrückten Eindruck machen sie auf jeden Fall nicht!«

In der Tat kann man leider mancherorts der Auffassung begegnen, dass christliche Frauen sich stets im Hintergrund aufhalten müssten und nicht einmal in der eigenen Familie beten dürften. Man handelt nach dem amerikanischen Sprichwort: *»Sit down, shut your mouth and put your hat on!«* (Setz dich hin, halt deinen Mund und setz deine Kopfbedeckung auf). Auf der anderen Seite gibt es viele Kreise, die die Frage des Schweigens der Frau in der Gemeinde in die Schublade der zeitbedingten Aussagen der Bibel ablegen und der Meinung sind, dass wir uns heute auch im gemeindlichen Bereich den gesellschaftlichen Gewohnheiten anschließen müssten.

Viele Gemeinden haben diese Frage schon lange abgehakt. Die Emanzipation hat seit den zwanziger Jahren des zwanzigsten Jahrhunderts in den meisten Kirchen und Freikirchen in Deutschland als Selbstverständlichkeit Einzug gehalten. Andreas Steinmeister stellt in einer Studie zu 1. Korinther 14 fest:

»Die Psychologisierung der Seelsorge, die feministische Uminterpretation der Bibel wird inzwischen mit Macht in das sog. evangelikale Lager eingeschleust. Wie ist es sonst zu verstehen, dass inzwischen in England unter den Methodisten die Möglichkeit besteht, sowohl zu Gott-Vater als auch zu Gott-Mutter zu beten? Postmoderne Philosophien, verbunden mit einem postmodernen Lebensgefühl, verändern langsam, aber sicher die von Gott gegebenen Ordnungen.«[1]

Die Brüdergemeinden schienen lange Jahre »resistent« gegenüber dieser zeitgenössischen Problematik zu sein. Umso heftiger bricht nun die sogenannte »Frauenfrage« in viele Gemeinden ein, und das umso mehr, da offensichtlich die heutige Generation, die in den Gemeinden Verantwortung trägt, sie nicht mehr von der Bibel her zu begründen vermag. Das Bewahren einer Gewohnheit bzw. einer von den Vätern überlieferten Tradition aber hält den stark emotional aufkommenden Wünschen, Fragen und Forderungen nicht mehr stand.

1. Die Zeit, in der wir leben

Die Quotenregelung, die Gleichstellung der Frau in Beruf und Gesellschaft, die schulische Erziehung und die Beeinflussung durch die Medien prägen uns stärker, als wir oft in unseren

---

[1] http://www.soundwords.de

Gemeinden wahrhaben wollen. Werbesprüche auf riesigen Werbetafeln und in Werbespots hämmern uns wie selbstverständlich Aussagen in die Gehirne, die uns umso logischer erscheinen, je öfter wir sie hören: »Frauen machen heute lieber Karriere als Betten!« oder: »Die Frau steht heute ihren Mann und hat in der Ehe die Hosen an!«

Wir leben in einer Zeit, in der in zunehmendem Maß auch vom Gesetz her auf Gruppen, Vereine und Organisationen gesellschaftlicher Druck ausgeübt wird, die nur Männer in leitender Stellung haben. Damit werden insbesondere Gemeinden in Schwierigkeiten kommen, die in ihren Leitungsstrukturen ausschließlich Männer haben, weil sie es von der Bibel her nicht anders erkennen können. Müssen wir uns dem Zeitgeist beugen, wie es bereits viele Kirchen und Freikirchen praktizieren, indem sie Ältestinnen berufen und Pastorinnen einstellen?

Durch meine häufige Reisetätigkeit komme ich in viele Gemeinden und stelle fest, dass wir heute in den meisten Gemeinden stark engagierte und intelligente Frauen haben – und ruhige, um nicht zu sagen träge, vom Beruf aufgefressene und ausgelaugte Männer. Wie gehen wir mit diesem veränderten Zustand unserer Gemeinden um?

Neulich waren meine Frau und ich von einer Gemeinde zu einem Frauenseminar eingeladen mit dem Thema »Wie können wir unsere Männer unterstützen, sich aktiver in der Gemeinde einzusetzen?« Nun, solch ein Seminar macht Mut. Doch genauso bat eine Gemeinde um ein Seminar mit dem Thema: »Schränkt die Bibel wirklich den Dienst der Frauen in der Gemeinde ein?« Ich hätte es mir einfach machen und nach der Tradition schlicht mit »Ja!« antworten können. Doch so werden wir der Thematik heute nicht mehr gerecht! Ich bin der Überzeugung: Unsere Gemeinden müssen sich dringend dieser Frage biblisch fundiert stellen, denn ohne den tatkräftigen Einsatz unserer Frauen können unsere Gemeinden nicht überleben bzw. wachsen!

2. Doch zunächst einmal ein dickes Lob

Zugegeben, ich bin ein unverbesserlicher Blumenmuffel. Meine Frau kann sicher in unserer 44-jährigen Ehe die wenigen Male an zwei Händen aufzählen, wo ich ihr »außer der Reihe« einen Strauß Blumen mitgebracht habe. Und doch weiß sie, dass ich ihr von ganzem Herzen für all ihren Einsatz, ihre Liebe und Treue dankbar bin. So hoffe ich, dass auch die Frauen unter den Lesern die folgenden Zeilen als eine Art »Blumenstrauß des Dankes« empfinden, den ich ihnen im Namen aller Männer in den Gemeinden überreichen möchte.

Ein kräftiges Lob möchte ich allen Frauen in unseren Gemeinden aussprechen, denn ohne sie könnten »Christliche Gemeinden« und insbesondere »Brüdergemeinden« gar nicht existieren. Warum? Weil wir Männer nur so viel in den Gemeinden tun können, wie unsere Frauen hinter uns stehen!

Deshalb wollen wir ihnen von Herzen danken, denn auf wie vieles verzichten sie bewusst um Jesu willen! Wie viele Abende und wie viele Samstage sind die Brüder, die in den Gemeinden in der Verantwortung stehen, für die Sache des Herrn und für die Gemeinde unterwegs! Wie viele Besuche werden gemacht, wie viele Gespräche werden geführt, wie viele Tagungen und Konferenzen werden besucht – und unsere Frauen sitzen allein zu Hause! Auch das ist Dienst für Gott: verzichten um des Reiches Gottes willen!

Denken wir an Zippora, die Frau des Mose: Wie oft und wie lange hat sie ihren Mann abgeben müssen, wenn er mit den Angelegenheiten des Volkes zu tun hatte! Wie häufig mag sie mit ihren Kindern allein zu Hause gewesen sein, weil ihr Mann die Verantwortung für das Volk Gottes trug.

Oder denken wir an die Frau des Apostels Petrus, wenn dieser mit dem Herrn Jesus unterwegs war. Erst viel später konnte Petrus seine Frau auf Reisen mitnehmen (vgl. 1Kor 9,5).

Wir sollten vermehrt an die Frauen unserer Ältesten, Reisebrüder, Evangelisten und Zeltdiakone denken, für sie beten und ihnen danken, dass sie auf ihre Männer verzichten.

Wir wollen ihnen danken, denn was wäre, wenn sie uns Männern nicht so viel Freiraum geben würden, um uns auf die Dienste in den Gemeinden vorzubereiten. Wie viele Stunden des Bibelstudiums sind nötig, um eine Predigt, eine Bibelstunde, eine Ansprache bei einer Beerdigung oder Hochzeit vorzubereiten (vgl. 1Kor 14,26).

Wir wollen ihnen danken, denn was würde geschehen, wenn unsere Frauen nicht immer wieder mit so viel Hingabe gastfrei wären! Denn »Brüder« können nur so gastfrei sein, wie ihre Frauen bereit sind, die vermehrte Arbeit auf sich zu nehmen! Das sind Voraussetzungen, um Gespräche zu führen, Hirtendienste an Geschwistern zu tun bzw. »Engel zu beherbergen« (vgl. Hebr 13,2). Wie viel Arbeit entsteht durch Gastfreiheit: Aufräumen, Putzen, Kochen, Backen, nachher Spülen und wieder Aufräumen und Putzen! Denken wir an die missionarische Hauskreisarbeit in vielen Gemeinden. Manch eine Gemeinde ist durch die Mitarbeit der Ehefrauen entstanden und gewachsen!

Biblische Beispiele finden wir viele: Lydia in Philippi (Apg 16), Maria, die Mutter von Johannes Markus (Apg 12), oder Priszilla (Apg 18): Sie alle hatten offene Häuser für die Gläubigen, so dass sich die Gemeinden in ihren Häusern zusammenfanden.

Wir wollen ihnen danken, denn wo ständen unsere Gemeinden, wenn unsere Frauen nicht immer wieder so treu für die Dienste und Aufgaben ihrer Männer beten würden! Von vielen »Schwestern« weiß ich, dass sie morgens, wenn die Kinder aus dem Haus sind, in ihrer persönlichen »Stillen Zeit« für all die Anliegen der Gemeinde und für die Aufgaben der Ältesten, Hirten und Evangelisten beten. Wie viele Siege, die vermeintlich die »Brüder« errungen haben, sind auf den Knien der Schwestern erkämpft worden!

Wir wollen ihnen danken, denn was wäre, wenn sie nicht für so viel Zwischenmenschliches und Liebevolles in unseren Gemeinden sorgen würden! Wie manches können »Schwestern« viel einfacher und unkomplizierter durch eine nette Geste oder Hilfeleistung erreichen. Sie erwärmen ein verbittertes oder gekränktes Herz oder gewinnen es neu, wo wir »Brüder« nur »verschlossene Türen und heruntergelassene Rolläden« vorfinden.

Wir wollen ihnen danken, denn wo wäre der Nachwuchs unserer Gemeinden, wenn unsere Frauen nicht mit so viel Liebe und Weisheit die Erziehung der nachfolgenden Generation vorantrieben, ihnen die Liebe zum Herrn und zu seiner Gemeinde vorleben würden! Natürlich haben die Väter die Verantwortung der Erziehung, aber den Hauptteil der tagtäglichen Last tragen nun mal die Mütter!

Ein dickes Lob also allen Frauen (den verheirateten und den Alleinstehenden), die sich einsetzen in Kinderstunden, Jungscharen, Frauenstunden, Hauskreisen, Besuchsdiensten, im Zeugnis zu Hause, in der Nachbarschaft oder am Arbeitsplatz!

Nach einem Referat zu diesem Thema auf einem »Brüdertag« hatte ich die Anwesenden gebeten, ihre zu Hause gebliebenen Frauen bei ihrer Heimkehr einmal fest zu umarmen und ihnen zu danken, dass sie ihnen diesen Tag ermöglicht hätten. Als ich einen der Anwesenden begleitete, weil ich anschließend in seiner Gemeinde Bibelabende zu halten hatte, wollte dieser meiner Anregung nachkommen. Er klingelte an seiner Haustür, und als Frau öffnete, umarmte er sie und gab ihr einen festen Kuss. Erstaunt schob sie ihn von sich und meinte: »Was ist denn in dich gefahren? Das hast du ja noch nie gemacht.« ...

3. Die Bibel als Grundlage

Wenn sich die Artikel dieses Buches mit den Aussagen der Bibel beschäftigen, müssen wir zunächst feststellen, dass wir an die absolute Zuverlässigkeit und Autorität der Bibel glauben. Sie ist Gottes Wort und der verbindliche Maßstab für unser Leben (2Tim 3,16). Sie ist uns unumstößlich oberste Autorität und wird von uns als irrtumslos akzeptiert.

Folgende Grundsätze wollen wir deshalb festhalten:
- Unterordnung bedeutet niemals Abwertung oder Minderwertigkeit!
- Die Anordnungen der Schrift sind uns gegeben, um Gott durch ihre Befolgung zu ehren.
- Gott hat sie uns gegeben zu unserem eigenen Wohl.
- Es sind Prinzipien für unser Leben, keine Gesetze zu einem besseren Christsein.
- Unterordnung muss stets eine freiwillig eingenommene Stellung sein und darf nicht erzwungen werden.
- Anordnungen Gottes unterscheiden sich fast immer von den Gewohnheiten des jeweiligen Zeitgeistes.
- Das Gebot für die Männer ist nicht eine Unterwerfung der Frau, sondern eine aufopfernde bedingungslose Liebe für sie.

4. Die vielfältigen Dienstmöglichkeiten für »Brüder« und »Schwestern«

In der Bibel finden wir viele Frauen erwähnt, die sich mit den ihnen von Gott anvertrauten Gaben treu eingesetzt haben.

Denken wir an Evodia und Syntyche, die *»mit Paulus am Evangelium gekämpft haben«* (Phil 4,2), oder an Priszilla, die mit ihrem Mann den Bibellehrer Apollos unterwies (Apg 18,26), an die Töchter des Philippus, die weissagten (Apg 21,9), oder an Phöbe, die eine Dienerin der Gemeinde von Kenchreä war (Röm 16,1). Darüber hinaus seien die vielen oft unscheinbaren Dienste erwähnt, die im Einsatz der Gnadengaben des Mitteilens und der tätigen Barmherzigkeit (Röm 12,8) bestehen. Hier ist ein weites Betätigungsfeld, das wir vermehrt wieder in unser Bewusstsein rufen sollten. Arbeit für unseren Herrn gibt's genug, sowohl für Männer als auch Frauen. Packen wir's an!

Beenden wir doch die leidigen »Grabenkämpfe«, die uns nur von unseren eigentlichen missionarischen, diakonischen und evangelistischen Aufgaben abhalten, und fügen wir uns dankbar und zufrieden in die uns von Gott gegebenen Ordnungen.

Wenn wir in unseren Gemeinden wieder ganz bewusst miteinander dem Herrn dienen, jeder an dem Platz, den Gott ihm in seiner Weisheit zugedacht hat, so wird dies zum Segen unserer Gemeinden, zur Verherrlichung Gottes, zum Zeugnis in dieser Welt und zum eigenen inneren Gewinn sein.

Die Aufgaben und Dienste, die Gott uns für unser Glaubensleben und für die Gemeinde gegeben hat, sind so vielfältig und segensreich, dass kein Gläubiger untätig bleiben muss. Die Gnadengaben, die uns in 1. Korinther 12,8.28, in Epheser 4,11-13 und in Römer 12,6-8 genannt werden, geben jedem Christen eine Vielzahl von Möglichkeiten, sich zur Ehre Gottes und zum Segen für andere zu betätigen.

Dabei machen die verschiedenen Aussagen der Bibel deutlich: Innerhalb der Gemeindestunden (1Kor 11,17–14,40: *»Wenn ihr als Gemeinde zusammenkommt«*) trägt der gläubige Mann die Verantwortung und ist aufgefordert, seine Gaben zu betätigen; überall sonst sind beide, Mann und Frau gleichermaßen, als Christen zum Dienst ermutigt.

Listen wir einmal die verschiedenen Gnadengaben, die zur Auferbauung der Gemeinde dienen, und ihre Möglichkeiten im Einzelnen auf:

1. **Der Dienst der Evangelisation:** Die Verkündigung der frohen Botschaft von der Errettung durch das stellvertretende Sterben unseres Herrn Jesus Christus am Kreuz

von Golgatha. Diese kann auf vielerlei Weise geschehen. Durch Predigt, Musik oder Schreiben. Vor allem durch einen persönlichen evangelistischen Lebensstil (»Wir sind ein Brief Christi ...« vgl. 2Kor 5,18-20). Möglichkeiten ergeben sich auch in evangelistischen Hauskreisen und Gesprächskreisen, bei persönlichen Kontakten und Besuchen.
2. **Der Hirtendienst (Seelsorge):** Ist dies in den letzten Jahrzehnten eine vergessene Gnadengabe in unseren Gemeinden? Diese Aufgabe gehört nach Gottes Gedanken in die Gemeinde. Die Bibel gebraucht das Bild des Hirten, der die Schafe hütet, weidet und pflegt (*»Hüte meine Schafe ...«* Joh 21; Apg 20,28).
3. **Die Aufgabe des Lehrens:** Der Herr Jesus hat seinen Jüngern im sog. Missionsbefehl in Mt 28 ausdrücklich aufgetragen, die zum Glauben Gekommenen zu lehren, alles zu bewahren, was er ihnen geboten hatte. Die Lehre der Apostel (Apg 2,42) befähigt Christen, fest im Wort Gottes gewurzelt und im Glaubensleben standhaft zu sein. Diese Gabe kann nur praktiziert werden, wenn wir selbst mit dem Wort Gottes vertraut sind und Zusammenhänge erkennen und vermitteln können. In Kinderstunden, Jungscharen, Teeny- und Jugendkreis, in Frauenstunden und Hauskreisen ist ein weites Betätigungsfeld. Ebenso als Mentor(in) für junge Gläubige.
4. **Die Gabe der Weissagung:** Diese Gabe entspricht der biblischen Prophetie und war so lange nötig, wie die Bibel noch nicht abgeschlossen war. Heute versteht man darunter eher die Fähigkeit, das Wort Gottes auf die gegenwärtige Situation anzuwenden und zu erklären. Sie ist wie die Gabe des Lehrens in vielen Bereichen möglich und nötig.
5. **Die Gabe der Unterscheidung der Geister:** Diese Aufgabe ist gerade in der heutigen Zeit bei der Verwirrung und Verirrung in christlichen Kreisen vonnöten. Wo sind die Geschwister, die anhand der Bibel deutlich und

überzeugend erklären können, was Gottes Wille für seine Gemeinde und für den einzelnen Gläubigen ist?! Dies setzt wie die vorherigen Gnadengaben die Kenntnis des Wortes und des Willens Gottes voraus.

6. **Die Gabe des Dienstes (Diakonie) und der Hilfeleistungen:** Diakonie ist häufig der Türöffner für das Evangelium. Sie ist das freudige Ausüben von Aufgaben und praktischen Arbeiten, um Geschwistern und Außenstehenden zu helfen. Sie sind so vielfältig, wie es Menschen und Nöte gibt. Lassen wir uns von Gott die Augen öffnen für die Not des Nächsten. Hier braucht keiner arbeitslos zu sein!

7. **Die Gabe des Glauben:** Dies ist ein besonderes Vertrauen auf Gottes Zusagen, ein mutiges Wagen in schwierigen Situationen. Denken wir an Glaubensmänner wie Hudson Taylor oder Georg Müller.

8. **Die Gabe des Ermahnens und Ermunterns:** Diese Gabe gehört mit zu den Aufgaben des Hirten. Es ist die Fähigkeit, mit anderen einfühlsam über ihre Probleme zu sprechen und ihnen zu raten, ihnen zurechtzuhelfen oder sie zu ermutigen.

9. **Die Gabe des Mitteilens, des Gebens:** Hierzu gehört ein offenes Herz und eine offene Hand. Es ist die Gabe, die Bedürfnisse anderer zu sehen, ihnen zu helfen, ohne sie zu verletzen. Es bedeutet, mein Leben mit anderen zu teilen (1Tim 2,8). Es beinhaltet die Opferbereitschaft an Geld, Zeit und Kraft.

10. **Die Gabe, Barmherzigkeit zu üben:** Dies ist ebenfalls eine Gnadengabe, die im Stillen geschieht. Es ist die Fähigkeit, mit denen mitzuleiden und mitzutragen, die in Nöten sind.

11. **Die Gabe zu leiten:** Viele Dinge im Gemeindeleben müssen verwaltet und koordiniert werden. Wenn auch die Führungsaufgaben in der Gemeinde von Ältesten und Diakonen (also von Männern) getan werden sollen, so gibt es sicher auch viele verwaltungstechnische Auf-

gaben, die Schwestern tun können. In manchen Gemeinden werden z.B. die finanziellen Angelegenheiten von einer fähigen Schwester geregelt oder die Korrespondenz mit den Missionaren, die man unterstützt und betreut.

Die Gnadengaben, die Gott seiner Gemeinde anvertraut, dienen dazu, dass Gott geehrt wird und die Gemeinde und ihre Glieder wachsen können, also auferbaut werden, damit sie ein Zeugnis Gottes in dieser Welt sind.

5. Was bedeutet dies kurzgefasst für die Praxis in den Gemeinden?

1. Gott hat Männer und Frauen unterschiedlich geschaffen und unterschiedlich begabt. Damit hat er ihnen unterschiedliche Verantwortlichkeiten und Aufgaben zugedacht.
2. Diese von Gott gegebenen unterschiedlichen Begabungen sollen von »Brüdern« und »Schwestern« praktiziert werden.
3. Sie stehen nicht in Konkurrenz zueinander, sondern ergänzen sich vielmehr.
4. Im Bereich der Gemeinde soll diese Unterschiedlichkeit zum Ausdruck kommen, da die Bibel die Verschiedenartigkeit in Aufgaben und Verantwortung von Mann und Frau in der Ehe als Illustration für die Beziehung des Christus zu seiner Gemeinde gebraucht (Epheser 5,22-33).
5. Das bedeutet, dass auch die Frau sich dem Mann unterordnen sollte, wie die Gemeinde sich dem Christus unterordnet.
6. Das Schweigen der Frau in den Gemeindestunden (1Kor 14) bedeutet also keine Degradierung, sondern trägt der von Gott geschaffenen unterschiedlichen Wesensart und Bestimmung der Frau Rechnung.

7. In den Gemeindestunden sollte deshalb die Frau sich weder im Wort- noch im Gebetsbeitrag beteiligen, vielmehr aber für den Dienst und die Verantwortung der Männer im Stillen beten.
8. Im häuslichen Umfeld ist sie ausdrücklich aufgefordert, mit ihrem (gläubigen) Mann geistlichen Austausch und geistliche Gemeinschaft zu praktizieren (vgl. 1Kor 14,34-38).
9. Darüber hinaus finden sich viele und vielerlei Möglichkeiten und Gelegenheiten für die Frau, außerhalb der offiziellen Gemeindestunden ihre Gaben zu betätigen, die Gott ihr gegeben hat.
10. Würden die Männer ihren Aufgaben in und außerhalb der Gemeinde verantwortlich nachkommen, träten manche gegenwärtigen Probleme gar nicht auf.

Vor Jahren hielt mein Vater eine Vortragsreihe zu diesem Thema in einer Gemeinde, in der die Schwestern gewohnt waren, sich in den Zusammenkünften zu beteiligen Anschließend fragte einer der verantwortlichen Brüder die anwesenden Schwestern, was sie zu den gehörten Ausführungen sagen würden. Die Frau des Gemeindeleiters fasste ihre Empfindungen unter Kopfnicken der übrigen Zuhörerinnen so zusammen: »Das haben wir nicht gewusst, warum Gott diese Ordnung in der Gemeinde haben will. Aber wenn ich ehrlich sein soll: Es entspricht eigentlich unserem natürlichen Empfinden, uns mit unseren Diensten mehr im Hintergrund halten zu dürfen. Wenn doch nur unsere Männer ihren Aufgaben immer nachkommen würden ...«

6. Die Frage der Motivation

Dieser Punkt wird häufig übersehen. 1. Korinther 12, Epheser 4 und Römer 12 behandeln die Gaben und Aufgaben und ihre Betätigung. 1. Korinther 13 klärt anschließend die Frage der Motivation, um diese Aufgaben recht zu tun. Sie dienen nie

zur eigenen Selbstverwirklichung oder Lebenserfüllung, sondern sind dazu von Gott gegeben, damit die Gemeinde (und damit jeder Einzelne) im Glauben aufgebaut wird. Das »Hohelied der Liebe«, das der Apostel Paulus uns in diesem Kapitel vorstellt, hilft uns, die Gnadengaben in Demut und Hingabe zu praktizieren. Insbesondere in der Betätigung der »stillen« Gaben wird diese Liebe sichtbar. Sie werden in den Gemeinden häufig übersehen:
- die Gabe des Dienens
- die Gabe der Hilfeleistungen
- die Gabe, Barmherzigkeit zu üben
- die Gabe des Mitteilens
- die Gabe des Hirtendienstes, der Seelsorge

Hier gibt es viele freie Stellen in den Gemeinden. Keiner braucht arbeitslos zu sein. Es gibt viel zu tun – packen wir's an!

Eberhard Platte, selbständiger Grafik-Designer, ist verheiratet und Vater von vier erwachsenen Kindern. Er führt Gemeinde-, Familien- und Seelsorgeseminare durch.

Buchempfehlungen

Barbara Hughes
Frau mit Profil
Das biblische Bild der Frau
Pb., 256 Seiten
Veränderung wird im Leben durch Beständigkeit erreicht. Dieses Prinzip gilt auch für unseren Glauben.
Die Autorin behandelt verschiedene Aspekte des Lebens der Frau und zeigt, wie sie zu einer reifen christlichen Persönlichkeit werden kann.
Best.-Nr. 273.823
EUR (D) 12,90 EUR (A) 13,80 SFR 19,50
ISBN 978-3-89436-823-4

R. Kent Hughes
Mann mit Profil
Das biblische Bild des Mannes
Pb., 256 Seiten
In allen Bereichen des Lebens – persönliches Glaubensleben, Familie, Gemeinde, Beruf – ist vor allem Disziplin notwendig, um dem biblischen Bild des Mannes zu entsprechen.
Der Autor beleuchtet anschaulich die verschiedenen Spannungsfelder des Mannes unter diesem Aspekt.
Best.-Nr. 273.822
EUR (D) 12,90 EUR (A) 13,80 SFR 19,50
ISBN 978-3-89436-822-7

Susan Hunt
Das Titus-2-Modell
Mentoring von Frau zu Frau
Geb., 224 Seiten

Gläubige Frauen werden herausgefordert, das Prinzip von Titus 2 umzusetzen: Ältere Frauen kümmern sich in der Gemeinde seelsorgerlich um jüngere. Anhand von biblischen und aktuellen Beispielen wird dieses Konzept praktisch veranschaulicht, viele Hilfen zu seiner Umsetzung werden gegeben.
In Zeugnissen berichten Frauen davon, welchen Segen sie durch diesen Dienst und bei der Ausübung dieses Dienstes erfahren haben. Mit Studienteil zu jedem Kapitel.
Best.-Nr. 273.848
EUR (D) 13,90 EUR (A) 14,30 SFR 20,90
ISBN 978-3-89436-848-7

Susan Hunt ist Pastorenfrau, Mutter und Großmutter, und ehemalige Leiterin der Frauenarbeit der Presbyterianischen Kirche. Sie hat am *Columbia Theological Seminary* studiert und ist Autorin einiger Bücher.

Christliche Verlagsgesellschaft mbH

Eberhard Platte
Unsere Ehe soll noch besser werden
Pb., 208 Seiten
Junge Ehen leiden oft unter mangelnder Vorbereitung. Man schlittert in den »Hafen der Ehe« und wird plötzlich mit ungeahnten Problemen konfrontiert. Dieses Buch bietet Hilfe an – und zwar auf der Grundlage beispielhafter Ehepaare in der Bibel.
Best.-Nr. 273.820
EUR (D) 9,90 EUR (A) 10,20 SFR 14,90
ISBN 978-3-89436-820-3

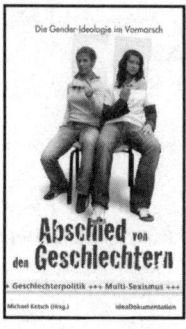

Michael Kotsch (Hrsg.)
Abschied von den Geschlechtern
Die Gender-Ideologie auf dem Vormarsch
Tb., 128 Seiten
Hinter dem Begriff »Gender-Mainstreaming« verbirgt sich eine Ideologie, nach der jeder Mensch seine geschlechtliche Identität selbst bestimmen kann und somit jede sexuelle Orientierung als gleichwertig zu betrachten ist. Worin liegen die Wurzeln eines solchen Konzepts? Wie sehen die Folgen aus? Wie sollen sich Christen dazu stellen?
Best.-Nr. 273.618
EUR (D) 5,50 EUR (A) 5,70 SFR 8,50
ISBN 978-3-89436-967-5

Christliche Verlagsgesellschaft mbH

Alexander Strauch
Mit Liebe leiten
Geb., 256 Seiten
Dieses Buch gibt allen, die Menschen leiten und führen, ein klares Verständnis darüber, was die Bibel über die Liebe lehrt. Das zu verstehen, ist für Leitungsaufgaben von großer Wichtigkeit. Dieses Buch wird helfen, diesen Dienst mit noch mehr Liebe auszuüben.

Best.-Nr. 273.563
EUR (D) 13,90 EUR (A) 14,30 SFR 20,90
ISBN 978-3-89436-563-9

Robert L. Peterson/Alexander Strauch
Mit Liebe leiten – Praxis
Lernen am Beispiel von R. C. Chapman
Geb., 96 Seiten
Vorbilder für Leiter werden heute dringend gesucht. Robert C. Chapman – Prediger und Evangelist aus dem 19. Jh. – ist ein solches Vorbild. Episoden aus seinem Leben lassen ihn als Vorbild lebendig werden und zeigen ganz anschaulich die Merkmale eines christusähnlichen Charakters.

Best.-Nr. 273.804
EUR (D) 9,90 EUR (A) 10,20 SFR 14,90
ISBN 978-3-89436-804-3

Christliche Verlagsgesellschaft mbH

Hartmut Jaeger/Joachim Pletsch (Hrsg.)
Biblische Lehre kompakt
188 Fragen und Antworten
Tb., 11 x 18 cm, 224 Seiten
Best.-Nr. 273.877
EUR (D) 7,90 EUR (A) 8,10 SFR 11,90
ISBN 978-3-89436-877-7

Dieses Kompendium informiert systematisch über die wichtigsten biblischen Lehrthemen. Es ist das ideale Ergänzungs- und Vertiefungsbuch zu »Biblische Lehre für junge Leute« (Mitarbeiterhandbuch für den biblischen Unterricht). Zugeschnitten auf den biblischen Unterricht bietet es für Lehrer und Schüler biblische Lehre kompakt im Überblick, Antworten auf 188 Fragen und einen Leitfaden zur schnellen Orientierung bei einzelnen Themen.

Die Themen:
- Von Gottes Wort
- Von Gottes Wesen
- Von Gottes Schöpfung
- Der Mensch
- Vom Gesetz und von der Sünde
- Von den Verheißungen
- Jesus Christus
- Der Heilige Geist
- Das Gebet
- Von Bekehrung und Wiedergeburt
- Vom Glauben und von der Nachfolge
- Die neutestamentliche Gemeinde
- Die Taufe
- Das Mahl des Herrn
- Von den zukünftigen Dingen
- Die Heilsgeschichte Gottes
- Prophetie
- Sekten- und Religionskunde
- Evangelisation und Mission
- Satan und Okkultismus
- Weltreligionen
- Bibel und Sexualität
- Die Rolle von Mann und Frau
- Die Rolle Israels in der Heilsgeschichte
- Die Engel